Mélange Littéraire

Deuxième Édition

Josette Smetana
Marie-Rose Myron

Adelphi University

Holt, Rinehart and Winston
New York   Chicago   San Francisco
Philadelphia   Montreal   Toronto
London   Sydney   Tokyo
Mexico City   Rio de Janeiro   Madrid

ACKNOWLEDGMENTS

We wish to thank the following for their permission to use the following reading materials in this book.

Gilbert Cesbron: *Miss Edith Mourra le 20 mai*, Éditions Robert Laffont.
Colette: *La Chienne*, Librairie Arthème Fayard.
Robert Desnos: *Le Dernier Poème; Le Pélican; Le Brochet*, Librairie Gründ.
André Maurois: *Pauvre Henriette; Le Diable dans la mine*, Éditions des Deux Rives; *Les Fourmis*, Librairie Ernest Flammarion.
Jacques Prévert: *Le Cancre; Composition française; Le Bouquet; Chanson*, Éditions Gallimard.
Françoise Sagan: *Les Cinq Distractions; Une Nuit de Chien*, Librairie Ernest Flammarion.
Georges Simenon: *Monsieur Lundi; Peine de mort*.

Library of Congress Cataloging in Publication Data

Smetana, Josette, comp.
  Mélange littéraire.

  CONTENTS: Maurois, A. Les fourmis.—Cesbron, G. Miss Edith mourra le 20 mai.—Maurois, A. Pauvre Henriette.—Maupassant, G. de. Garçon, un bock!—Prévert. Poèmes.—[etc.]
  1. French language—Readers. 2. French literature. I. Myron, Marie-Rose, joint comp. II. Title.
PC2117.S669 1981   448.6′421   80-24798
ISBN 0-03-058171-0

Address correspondence to:
383 Madison Avenue
New York, NY 10017

  6 7 8 9 10 059 10 9 8 7 6

CBS COLLEGE PUBLISHING
Holt, Rinehart and Winston
The Dryden Press
Saunders College Publishing

Preface

Mélange Littéraire, Deuxième Édition, is a totally updated book, containing new and revised material. We have retained the most successful features of the first edition and incorporated improvements suggested by users of the first edition, reviewers, and editors.

The second edition of *Mélange Littéraire* is designed for use by intermediate or advanced intermediate students. It benefits them linguistically and culturally, bridging the gap between two learning levels, and prepares them for semi-advanced or advanced classes. It can also be used for a fourth semester of a reading sequence, in conjunction with a grammar, or in conversation classes.

Our primary purpose in putting together the second edition of this reader is to provoke and stimulate the interests of the students by offering them variety in style and mood. Less popular or difficult texts have been deleted and replaced by new selections which are appropriate and timely. The texts are by well-known contemporary authors and one is a short story by a nineteenth-century master of the genre. The selections are exciting, challenging, and lend themselves to meaningful questions, interpretations, analyses, and class discussions. In *Mélange Littéraire, Deuxième Édition,* the selections are unaltered and complete, and many of them have never been anthologized before. Several of them (the Sagan stories, *Monsieur Lundi, Peine de Mort*) reflect the language spoken by the French of today. They hold students' interest because of their pathos (e.g., *Garçon, un bock!*), their humor (*Une Nuit de Chien*), their element of suspense (*Miss Edith mourra le 20 mai,* the Simenon stories) and the feeling of the "unexpected," which prevails (as it did in the previous edition). This edition introduces selections by two women authors, both remarkable stylists in their own right. Aside from the fascination and the easy-flowing style of the Sagan stories, the piece by Colette is presented here with the hope that this writing sample, by a supreme prose artist, will captivate the students and encourage them to pursue the reading of French literature. The new selections, as well as those from the first edition, are generously and carefully glossed to allow for successful mastery. Footnotes clarify linguistic difficulties.

The text is designed to increase and improve the students' reading and writing ability as well as to develop aural-oral skills. The organization of *Mélange Littéraire* has been influenced by several factors: 1. level of difficulty: the selections are placed in order of graded difficulty so that students progress from the least difficult to the most difficult. The pacing of the stories has been carefully considered; it is such that the student's interest is maintained despite increasing complexity of vocabulary and syntax. 2. diversity: light and dramatic pieces of work alternate; two chapters of short and accessible poems (with no exercises) have been placed as interludes and as an aid to improved pronunciation and diction. 3. flexibility: the teacher can adapt the manual to the needs of both the intermediate and the advanced student.

In *Mélange Littéraire, Deuxième Édition,* the Introductions to the selections are shorter than in the first edition. They provide a brief statement situating the selection in order to prepare the students for what they are about to read. Furthermore, students practice reading expository French which is non-fiction and purely informational. When necessary, special explanations clarify points of cultural interest within the stories.

In the first edition, we had already paid a great deal of attention to the exercises as we had found that most readers we ourselves had used did not meet our needs. In order to add versatility and freshness, the second edition provides considerably expanded and more varied exercises; indeed, there is a wealth of study aids. For the convenience of teachers and students, the selections are divided into short, easily manageable units, each one with its own exercises and questions. All exercises have been planned so as to teach the students to think in French and express themselves coherently in the spoken and written language.

There are five types of study aids: *Vocabulary, Questionnaire, True/False Exercises, Justifications, Compositions/Discussions.* Each one has a very definite purpose. The expanded language-practice exercises (including synonyms, antonyms, «*Trouvez le mot qui correspond à la définition,*» «*Dites d'une autre façon,*» «*fill-ins,*» «*Phrases qui illustrent la différence entre . . .*») contribute to building vocabulary and to better training in word discrimination. They incorporate varying approaches to the problem of meaning in a literary text and the instructor can pick and choose as he or she wishes. They encourage the students to use the foreign language and pave the way for comprehension of the texts and successful completion of the exercises.

The increased number of study questions brings out the most important aspects of the selections concerning plot and character development. The *questionnaire* elicits personal reactions from students and provides a «vue d'ensemble.» The *Vrai ou Faux* exercises, which have been carefully designed so as not to repeat the material covered in *Questions,* encourages the use of key words and new vocabulary. The *Justifications* prepare the students for the *Compositions/Discussions.* Through these stimulating exercises, students will be brought to think in French. The topics for *Compositions/Discussions* have also been simplified, or added to, and contain more personalized questions. They lend themselves to class discussion as well as written work. They are divided so as to lead to brief answers in intermediate classes, and to more involved treatment through class discussions or essays, in advanced groups.

Finally, in *Mélange Littéraire, Deuxième Édition,* an Appendix, explaining the formation of and use of literary tenses, has been added to facilitate the process of comprehending literary texts. The End-Vocabulary has been totally revised to allow for better accessibility to the entire contents of the book.

For their editorial expertise, we wish to thank Barbara Lyons, Marilyn Hofer, and Lester A. Sheinis of Holt, Rinehart and Winston.

J. S.   M-R. M.

Contents

André Maurois

Les Fourmis

ANDRÉ MAUROIS

(1885-1967)

Auteur très prolifique, André Maurois est bien connu du public américain pour ses biographies romancées, en particulier celles de Shelley, Byron, Marcel Proust, Victor Hugo et Balzac. En plus d'autres biographies, il écrivit aussi des essais, des nouvelles et des romans dont le plus célèbre reste Climats (1928).

Il publia également une dizaine de recueils de contes, parmi lesquels il faut mentionner La Machine à lire les pensées (1937) qui fait allusion aux dangers de la psychanalyse, Toujours l'Inattendu arrive (1943), et Le Dîner sous les marronniers (1953).

Les Fourmis, d'abord publié dans Toujours l'Inattendu arrive, fut plus tard réimprimé dans Pour Piano seul (1960) qui groupe tous les contes de Maurois. Bien que très courte, l'histoire est remarquablement construite, écrite dans un style clair, simple et alerte.

De Le Dîner sous les marronniers, nous avons extrait Pauvre Henriette (p. 17) et Le Diable dans la Mine (p. 57). Ce qui apparaît dans Pauvre Henriette est un humour discret et une psychologie du couple qui rappelle le Maurois du roman. Le Diable dans la Mine, qui se passe dans le décor exotique de l'Amérique latine, révèle une sagesse fine teintée de scepticisme. Le style relativement facile de Maurois et l'élément de surprise qui existe dans ces deux contes les rendent infiniment agréables à lire.

Les Fourmis[1]

Entre deux plaques[2] de verre, que liaient l'une à l'autre des charnières de papier collées sur leurs bords,[3] une société de petits monstres bruns s'agitait[4] et travaillait. Le marchand avait donné aux fourmis un peu de sable; elles y avaient tracé des galeries convergentes. Au centre, on
5   remarquait une bête[5] plus grosse, presque toujours immobile. C'était la Reine, que les fourmis nourrissaient[6] avec respect.

—Elles ne donnent aucune peine,[7] dit le vendeur. Il suffit chaque mois de déposer une goutte de miel[8] dans cette ouverture . . . Une seule goutte
10 . . . Les fourmis se chargent elles-mêmes de la transporter et de la répartir.[9]

—Une seule goutte par mois? dit la jeune femme . . . Une goutte suffit pour faire vivre tout ce peuple pendant un mois?

Elle portait un grand chapeau de paille[10] blanche, une robe de
15 mousseline à fleurs. Ses bras étaient nus. Le vendeur la regarda tristement.

—Une goutte suffit, répéta-t-il.

—Que[11] c'est charmant, dit-elle.

Et elle acheta la fourmilière[12] transparente.

20 —Chéri, dit-elle, vous avez vu mes fourmis?

---

[1]fourmi (f.) ant
[2]plaque (f.) sheet
[3]que liaient . . . bords: *taped together at the edges by strips of paper*
[4]s'agiter *to bustle, to move about*
[5]bête *here: insect*
[6]nourrir *to feed*
[7]peine *trouble*
[8]une goutte de miel *a drop of honey*
[9]répartir *to distribute, to divide*
[10]paille (f.) *straw*
[11]que *here: how*
[12]fourmilière *ant-house, ant-farm*

Elle tenait la mince plaque vivante[13] entre ses doigts pâles, aux ongles[14] peints. L'homme assis à côté d'elle admira sa nuque[15] penchée.

—Que vous rendez la vie intéressante, chérie . . . Avec vous tout est nouveau, varié . . . Hier soir, Bach . . . Maintenant ces fourmis . . .

—Regardez, chéri, dit-elle avec l'ardeur enfantine[16] qu'il aimait (elle le savait) . . . Vous voyez cette fourmi géante? C'est la Reine . . . Les ouvrières[17] la servent . . . Je les nourris moi-même . . . Et le croiriez-vous, chéri? Une goutte de miel par mois leur suffit . . . N'est-ce pas poétique? 5

*   *   *

Au bout de huit jours, son amant et son mari furent tous deux las[18] de la fourmilière. Elle la cacha sur la cheminée[19] de sa chambre, derrière la glace. À la fin du mois, elle oublia la goutte de miel. Les fourmis moururent de faim, lentement. Elles gardèrent jusqu'au bout un peu de miel pour la Reine, qui périt la dernière. 10

---

[13]vivante *alive*
[14]ongle (*m.*) *nail*
[15]nuque *nape of the neck*
[16]enfantine *childlike*
[17]ouvrières (*f.*) *workers*
[18]las (*fém.* lasse) *weary*
[19]cheminée *mantelpiece*

Exercices

I. VOCABULAIRE

A. *Expliquez les expressions ou mots suivants par:*

DES SYNONYMES:

1. difficulté (*f.*)   2. ardeur (*f.*)   3. à la fin d'une semaine
4. miroir (*m.*)   5. périr

DES CONTRAIRES:

1. mince   2. gaiement   3. intéressant   4. minuscule
5. oublier

B. *Complétez par le mot ou l'expression qui convient:*
1. La jeune femme nourrit les fourmis et celles-ci _____ la Reine.
2. L'amant de la jeune femme pense qu'elle _____ la vie intéressante.
3. Il _____ de donner une goutte de _____ par mois aux fourmis.
4. Elle a caché la fourmilière parce que son mari et son amant en étaient _____
5. Jusqu'à la fin, les fourmis _____ un peu de miel pour la Reine.

C. *Faites des phrases se rapportant au texte avec les mots suivants.*
1. vivante 2. les ouvrières 3. faim 4. lentement 5. sable

II. QUESTIONS

1. Décrivez la fourmilière (l'extérieur, l'intérieur).
2. Qu'y avait-il au centre? Que faisait-elle?
3. Que faisaient les fourmis?
4. Quelle était la condition essentielle de leur existence?
5. Que faisaient les fourmis de cette goutte de miel?
6. Qui a acheté la fourmilière? Comment cette personne était-elle habillée?
7. Pourquoi le vendeur était-il triste?
8. Qui est «l'homme assis à côté d'elle»? Est-ce que ce sont vraiment les fourmis qu'il admire?
9. Selon lui, comment rend-elle la vie intéressante?
10. Citez *plusieurs raisons* pour lesquelles la jeune femme a acheté la fourmilière.
11. Pourquoi, et comment les fourmis sont-elles mortes?
12. Pour quelle raison la Reine est-elle morte la dernière?

III. VRAI OU FAUX?

Certaines de ces affirmations sont inexactes; corrigez-les:
1. La fourmilière consistait en deux plaques de plastique.
2. Au milieu de la fourmilière, la Reine s'agitait et travaillait.
3. La jeune femme a les ongles faits.
4. Il suffisait de leur donner une goutte d'eau par semaine.
5. Le vendeur est clairvoyant.
6. La jeune femme portait des vêtements d'hiver.

5

7. Elle avait acheté cette fourmilière parce qu'elle s'intéressait à la vie des insectes.
8. Son mari aimait cet aspect enfantin de sa personnalité.
9. Elle a caché la fourmilière pour que son mari ne la voie pas.
10. Les ouvrières sont mortes avant la Reine.

IV. SUJETS DE COMPOSITIONS, OU DISCUSSIONS

1. Faites un portrait de la jeune femme. Dites ce que vous savez de son physique, de son caractère, de sa vie.
2. En quoi consiste l'élément pathétique de ce conte? Vous attendiez-vous à cette fin?

Gilbert Cesbron

Miss Edith mourra le 20 mai

GILBERT CESBRON

(1913-1979)

Gilbert Cesbron est à la fois essayiste, journaliste, romancier et écrivain engagé dans la lutte incessante contre l'injustice sociale et économique. Son humanité profonde fait de lui un des auteurs contemporains les plus populaires.

Il retient également l'attention en tant que conteur; ses recueils les mieux connus sont Traduit du vent (1958), Tout dort et je veille (1959), Des Enfants aux cheveux gris (1968).

De Traduit du vent, nous avons sélectionné le conte suivant pour sa concision, la fluidité de la langue, le mélange d'ironie et de «suspense», et la qualité humaine qui reflète la vive sensibilité de l'auteur.

Miss Edith mourra le 20 mai

Le billet[1] anonyme ne contenait que cette phrase.

Miss Edith la lut et éclata de rire.[2] Elle regarda l'enveloppe, le cachet de la poste,[3] elle employa même une loupe:[4] se conduisit en parfait détective; puis se jugea ridicule et rit de nouveau,[5] mais un peu moins.

5   Pourtant cette «enquête» dérisoire la mit sur la voie.[6] Bien sûr! Comment n'y avoir pas songé[7] aussitôt? Ces amis avec lesquels elle échangeait depuis plusieurs mois des romans policiers et chez qui on avait organisé, la semaine dernière, une sensationnelle *Murder-party* . . . Est-ce que Ronald n'avait pas dit avant-hier: «Il faudrait que l'un de nous fût
10 assassiné: un beau crime sur lequel nous puissions enquêter nous-mêmes! . . . Ou alors un déluge de lettres anonymes! . . .» Eh bien, voilà:[8] puisque cela n'advenait pas tout seul,[9] Ronald provoquait ce «déluge» . . . Lui répondre?—Facile! Mais cela lui causerait un trop grand plaisir . . . Et
15 puis sait-on jamais comment s'achèvent[10] ces plaisanteries? Celle-ci était déjà d'assez mauvais goût: inutile de la prolonger!

Dans la journée, Miss Edith regarda à plusieurs reprises[11] le billet. Elle changeait, chaque fois, d'avis: «Ce Ronald était stupide . . . Ce Ronald était tordant[12] . . .» À la fin, elle déchira[13] la lettre et l'enveloppe, en jeta

---

[1]billet *note*
[2]éclater de rire *to burst out laughing*
[3]cachet de la poste *postmark*
[4]loupe *magnifying-glass*
[5]de nouveau *again*
[6]la voie *here: the right track*
[7]songer *to think*
[8]voilà *there it was*
[9]cela n'advenait pas tout seul *it did not happen instantaneously*
[10]s'achever *to end up*
[11]à plusieurs reprises *repeatedly*
[12]tordant *a scream, a riot*
[13]déchirer *to tear up*

les morceaux, le regretta aussitôt. Elle ne pensait plus qu'à cela, désormais:[14] «Miss Edith mourra le . . . Voyons, c'était bien le 20 mai? Oui, le 20 mai. Pourquoi le 20 mai? . . . Quel idiot, ce Ronald!»

Miss Edith voyait ces amis-là le soir même. Elle prit sur elle d'être plus gaie que d'habitude, c'est-à-dire trop gaie.   5

—Ah! pendant que j'y pense: êtes-vous libres, tous, le 22 mai?

—À première vue[15] . . . oui, Edith. Pourquoi?

—Pour venir à mon enterrement.

—Votre enter . . . Qu'est-ce que ça veut dire?

—Vous demanderez à Ronald: il est au courant[16] . . .   10

—Je vous assure, Edith, que je ne comprends pas—mais alors pas du tout!

Il semble sincère. Miss Edith le dévisage[17] longtemps et conclut:

—Bon! Mettons[18] que je n'aie rien dit . . . Mais cette société lui pèse,[19] la soirée languit; Miss Edith laisse ses amis plus tôt que de coutume.[20]   15

Dès qu'elle a quitté la maison, un éclat de rire général:

—Ouf![21] Je n'en pouvais plus[22] . . . Ronald a été magnifique! . . . Comment as-tu réussi à garder ton sérieux?[23] . . . Quand elle t'a regardé en silence, j'ai cru que j'allais éclater . . .

Miss Edith rentre chez elle, fort préoccupée; elle dort mal. Le   20 lendemain elle retrouve son souci dès le réveil,[24] réclame[25] trois fois le courrier,[26] le dévore enfin avec l'espoir d'y trouver une autre lettre anonyme, franchement stupide cette fois: avec une tête de mort[27] et des empreintes[28] sanglantes! Ou même franchement inquiétante[29] et qu'elle

---

[14]désormais *from then on*
[15]À première vue *offhand*
[16]il est au courant *he knows all about it*
[17]dévisager *to stare*
[18]Mettons *let's say*
[19]cette société lui pèse *the company weighs on her*
[20]plus tôt que de coutume *earlier than usual*
[21]Ouf! *whew!*
[22]je n'en pouvais plus *I couldn't stand it any longer*
[23]garder son sérieux *to keep a straight face*
[24]dès le réveil *as soon as she wakes up*
[25]réclamer *to call for*
[26]courrier *mail*
[27]tête de mort *skull*
[28]empreinte (*f.*) *fingerprint*
[29]inquiétante *here: alarming*

10

porterait à la police! Mais c'est un honnête courrier: Miss Edith ne reçoit pas, ne recevra plus jamais de missives anonymes.

Elle décide alors de n'y plus penser. Mais à peine s'y est-elle décidée qu'elle se remémore[30] sa conversation avec le docteur, avant-hier, et ses
5 jambes se dérobent sous elle.[31] Elle doit s'asseoir; elle porte une main glacée à ce coeur qu'elle sent battre soudain.

Le docteur allait quitter la ville pour trois mois. Il voulait, auparavant,[32] examiner Miss Edith dont les poumons[33] l'avaient si longtemps inquiété.[34] Allons, tout allait bien à présent! Plus rien de
10 suspect.[35] Se ménager,[36] bien sûr . . . Pas d'alcool, pas de tabac, de longues nuits, du repos l'après-midi. J'interdis[37] le bord de la mer . . .

—Et la croisière dont je vous avais parlé, docteur?

—Il n'en est pas question! À mon retour, nous verrons. Soyez sage,[38] Miss Edith: votre vie est entre vos mains. Mais je pars tranquille . . .
15 —Êtes-vous bien sûr de me dire toute la vérité, docteur?

—Parfaitement sûr, Miss Edith.

Il n'avait pas paru hésiter. Il n'avait pas osé[39] . . . Mais, le soir même, pris d'un singulier[40] remords, il aurait donc posté ce billet? Pensant que, tout de même, elle avait le droit de savoir la vérité . . . Oui, c'était bien son
20 écriture.[41] Ah! si elle avait conservé le message, elle aurait pu comparer avec une ordonnance.[42] Mais il lui semblait bien que les M et les T . . . Oui, oui! elle en était certaine à présent . . . D'ailleurs, l'eût-il trouvée vraiment guérie,[43] qu'il n'aurait pas prescrit ces ménagements,[44] ces interdictions!—Et maintenant qu'elle était condamnée, à quoi bon?[45] . . .

---

[30]elle se remémore *she recalls*
[31]ses jambes se dérobent sous elle *her knees weaken*
[32]auparavant *before(hand)*
[33]poumons (*m. pl.*) *lungs*
[34]inquiéter *to worry*
[35]suspect *questionable*
[36]se ménager *to take it easy, to take care of oneself*
[37]interdire *to forbid*
[38]Soyez sage *be good, be reasonable*
[39]oser *to dare*
[40]singulier *strange*
[41]écriture (*f.*) *handwriting*
[42]ordonnance *prescription*
[43]guérie *cured*
[44]ménagements (*m.*) *precautions*
[45]à quoi bon? *what was the use?*

Miss Edith but, fuma et dansa toute cette nuit-là, puis toutes les nuits jusqu'à son départ pour le bord de la mer. Là, elle vécut la même existence, épuisante de faux plaisirs, jusqu'à son départ en croisière.

Miss Edith—le corps de Miss Edith—fut débarqué[46] le 22 mai: elle était morte à bord, l'avant-veille.[47]

5

---

[46]débarqué *taken off the boat*
[47]avant-veille (*f.*) *two days before*

Exercices

Première Partie   (p. 9 à p. 10 «j'allais éclater»): Le mystère

I. VOCABULAIRE

A. *Expliquez les mots suivants par:*

DES SYNONYMES:
1. de nouveau   2. évidemment   3. penser   4. assassiner
5. opinion   6. signifier   7. d'habitude   8. magnifique

DES CONTRAIRES:
1. pleurer   2. horrible   3. avant-hier   4. s'achever   5. indispensable   6. garder   7. gai   8. occupé

B. *Dites d'une autre façon:*
1. Elle *s'est servie* d'une loupe.
2. Elle a *coupé* le billet *en petits morceaux.*
3. *À partir de ce moment-là,* elle ne pensa plus qu'à cela.
4. Ronald *sait de quoi il s'agit.*
5. Ronald *avait l'air* sincère.
6. Elle a *regardé* son ami Ronald *avec insistance.*

C. *Complétez par le mot ou l'expression qui convient:*

1. Miss Edith _____ de rire tout de suite après avoir lu le billet.
2. Il était _____ d'attacher de l'importance à ce billet idiot.
3. L'intérêt commun de Miss Edith et de ses amis était la lecture de _____ .
4. Ronald souhaitait un beau crime sur lequel ils pourraient tous _____.
5. Elle a trouvé la _____ de Ronald de mauvais goût.
6. Chaque fois qu'elle regardait le billet, elle _____.
7. Elle a interrogé ses amis pour savoir s'ils étaient _____ le 22 mai afin de venir à son _____ .
8. Les autres ont demandé à Ronald comment il avait _____ à garder son sérieux.

○ **II. QUESTIONS**

1. Que dit le billet anonyme?
2. Quelles ont été les premières réactions de Miss Edith après la lecture du billet?
3. Pourquoi l'auteur la compare-t-il à un détective?
4. Qui est Ronald?
5. Quel est le passe-temps favori de Miss Edith et de ses amis?
6. Pourquoi pense-t-elle que c'est Ronald qui a écrit le billet?
7. Donnez les deux raisons pour lesquelles elle décide de ne pas lui répondre.
8. Comment sait-on que Miss Edith est préoccupée par le billet? Qu'en a-t-elle fait finalement?
9. Où est-elle allée ce soir-là?
10. Quelle était son attitude?
11. Quelle invitation a-t-elle faite à ses amis? Pour quelle date?
12. Comment y répondent-ils? et Ronald?
13. Pourquoi Miss Edith est-elle rentrée plus tôt que de coutume?
14. Comment ses amis ont-ils réagi après son départ?
15. Qu'est-ce que cela nous fait comprendre?

13

Deuxième Partie   (p. 10 à la fin): <u>Coup de théâtre</u>

I. VOCABULAIRE

A.   *Expliquez les expressions ou mots suivants par:*

DES SYNONYMES:

1. préoccupation (*f.*)   2. se rappeler   3. défendre   4. raisonnable   5. avoir le courage   6. conserver

DES CONTRAIRES:

1. la veille   2. rassurer   3. la mort   4. mentir   5. malade
6. l'arrivée

B.   *Dites d'une autre façon:*
1. Elle avait reçu un billet *qui n'était pas signé.*
2. Les poumons de Miss Edith *avaient donné du souci au* docteur.
3. *Quand je reviendrai,* nous verrons!
4. Il lui avait assuré qu'elle *n'était plus malade.*
5. Elle *allait bientôt mourir.*
6. Miss Edith était morte *deux jours auparavant.*

C.   *Complétez par le mot ou l'expression qui convient:*
1. Elle était tellement impatiente de lire son ____ qu'elle le réclama plusieurs fois.
2. Elle avait ____ décidé de ne plus penser au billet qu'elle s'est rappelé sa conversation avec le docteur.
3. Sa santé était bonne, mais elle avait encore besoin de ____.
4. «____ de prendre des précautions, puisque je suis condamnée» pensa-t-elle.
5. «Si vous croyez que je ne suis pas guérie, vous n'____ pas ____ de me cacher la vérité» dit-elle.
6. Dès l'arrivée du bateau, on a ____ le corps de Miss Edith.

D.   *Avec le vocabulaire suivant, faites des phrases se rapportant*
1. à Miss Edith: réclamer   tête de mort   glacé   cœur   empreinte   battre
2. au docteur: bord de la mer   oser   remords   se ménager   repos   d'ailleurs

II. QUESTIONS

1. Pourquoi Miss Edith a-t-elle mal dormi?
2. Qu'a-t-elle fait dès son réveil?
3. Qu'espérait-elle y trouver? Pourquoi?
4. Quelle décision a-t-elle prise?
5. Quel souvenir l'empêche de maintenir cette décision?
6. Quel effet ce souvenir a-t-il sur elle? (Décrivez ses réactions physiques.)
7. Pour quelles raisons était-elle allée chez le docteur?
8. Qu'est-ce qu'il lui avait interdit?
9. Qu'est-ce qu'il lui avait recommandé?
10. Pourquoi est-elle sûre que le docteur est l'auteur de la lettre? (Donnez *plusieurs* arguments: énumérez les indications qu'elle a.)
11. Dites quelle décision elle prend alors et pourquoi elle la prend.
12. Quand est-elle morte? Pourquoi?

III. VRAI OU FAUX?

Certaines de ces affirmations sont inexactes; corrigez-les:

1. Ronald est un bon acteur.
2. Elle avait peur de recevoir une autre lettre anonyme.
3. En voyant cette lettre, elle a dû s'asseoir.
4. Le docteur lui avait recommandé le bord de la mer.
5. Miss Edith a comparé l'écriture du billet à celle d'une des ordonnances du docteur.
6. Elle a fait une croisière, puis, elle est allée au bord de la mer.
7. Miss Edith est morte à bord d'un bateau.
8. Elle est morte le 22 mai.
9. Le docteur lui avait menti.
10. La première intuition de Miss Edith était la bonne.

15

IV. JUSTIFICATIONS

À l'aide de faits tirés du texte, justifiez les déclarations suivantes:

Exemple: Miss Edith est un bon détective.

Réponse: Elle fait une sorte d'enquête. Elle examine soigneusement l'enveloppe et le cachet de la poste. Elle prend même une loupe. Cette enquête la met sur la voie. Elle se rappelle que Ronald avait suggéré «un déluge de lettres anonymes». Donc, elle identifie l'auteur du billet.

1. Miss Edith est très inquiète et préoccupée par le billet: (a) le jour où elle le reçoit, (b) ce soir-là, (c) le lendemain matin.
2. Elle se trouve d'excellentes raisons pour ne pas suivre les recommandations du docteur.
3. Miss Edith a beaucoup d'imagination.
4. Sa mort a été causée par plusieurs raisons.

V. SUJETS DE COMPOSITIONS, OU DISCUSSIONS

1. Les dangers de l'imagination? Est-ce que votre propre imagination vous a joué des tours (*tricks*)?: donnez-en des exemples et les résultats.
2. Miss Edith a reçu le billet et a vu ses amis: imaginez une fin différente.
3. Que pensez-vous de la plaisanterie de Ronald? Connaissez-vous des plaisanteries de ce genre qui ont mal—ou bien—fini?
4. Étudiez les éléments ironiques et tragiques de l'histoire.

André Maurois

Pauvre Henriette

Pauvre Henriette

Je fus surpris quand Robert téléphona pour me demander un rendez-vous. Que pouvions-nous avoir à nous dire? J'ai une tendre affection pour sa femme, Henriette; Robert n'est qu'un amateur intelligent, cynique, de bons vins et de maîtresses faciles.[1] Je n'ai jamais compris l'adoration naïve que lui voue la pauvre Henriette, ₅ après quinze années d'un mariage sans bonheur.

Je le reçus le jour même où il m'avait appelé:

—Mon cher, dit-il d'un air jovial en allumant son cigare, il faut que vous me rendiez un service... Rassurez-vous; je ne viens vous demander ni argent, ni démarches[2]... Vous êtes le grand conseiller ₁₀ d'Henriette et elle a une entière confiance en vous ¡... J'ajoute qu'elle a raison; vous professez sur la vie des idées qui ne sont pas les miennes mais qu'on peut juger raisonnables, et qui conviennent à merveille au petit tempérament[3] de la pauvre Henriette... D'autre part, je sais, par expérience, que vous êtes discret et assez sage pour placer vos ₁₅ amitiés dans des compartiments étanches.[4] Avec vous, la confidence[5] du mari ne risque pas de glisser[6] jusqu'à l'oreille de la femme. Tout cela fait que c'est à vous que je m'adresse.

---

[1] faciles *of easy virtue*
[2] ni démarches *neither to approach someone in my favour*
[3] petit tempérament *weak temperament*
[4] étanches *here: separate*
[5] confidence (f.) *secret*
[6] ne risque pas de glisser *is in no danger to slip*

Il tira une bouffée de son havane, me regarda d'un œil tendre, un peu moqueur, et continua:

—Figurez-vous,[7] mon cher, que j'ai rencontré dans l'avion de Malmoe,[8] en revenant d'une tournée de conférences, une femme, ou plus
5 exactement une jeune fille, dont je suis tombé amoureux comme un collégien... Quand ces Nordiques[9] sont belles, toutes nos brunes pâlissent[10]... Cette jeune personne, de son côté,[11] m'a donné quelques espérances...

«Oh! rien n'est fait. Les circonstances ne s'y prêtaient guère.[12]
10 L'avion, pour une cour un peu vive, n'offre pas les mêmes ressources que le bateau... Mais l'on m'a fait entendre[13] que si je revenais on serait heureuse de me revoir... Mon cher, vous me connaissez, je n'ai jamais pu résister à une tentation, surtout quand subsiste un léger doute sur la possibilité de la satisfaire. Il y a un plaisir de la conquête
15 que vous autres, hommes sages,[14] ne connaîtrez jamais... Je me suis donc fait inviter pour l'hiver prochain par le comité qui m'avait reçu la première fois... Reste la pauvre Henriette,[15] et c'est ici que commence votre rôle.

—Je ne vois pas, dis-je, qu'entre vous et votre femme je puisse...

20 —Attendez, mon cher, vous allez voir que je ne vous demande rien qui ne soit dans l'intérêt d'Henriette... Figurez-vous qu'elle a très mal accueilli[16] l'idée de ce nouveau voyage... Elle voudrait être emmenée... Vous comprenez que cela n'est pas possible... Ce que je requiers de votre amitié est donc très simple... Henriette vous parle-
25 ra de ce projet, puisqu'elle vous parle de tout... Dites-lui que rien n'est plus nécessaire pour un écrivain que de se montrer,[17] surtout en pays étranger... Expliquez-lui combien ces voyages sont coûteux, mal payés et que le temps s'y passe en banquets ennuyeux et récep-

---

[7]figurez-vous *imagine*
[8]Malmœ: Malmö *city in Sweden-located across from Denmark*
[9]Nordiques *Nordic women*
[10]pâlissent *look pale in comparison*
[11]de son côté *for her part*
[12]Les circonstances ne s'y prêtaient guère *the circumstances were hardly favorable*
[13]l'on m'a fait entendre *I was led to believe*
[14]vous autres, hommes sages *you, well behaved men*
[15]Reste la pauvre Henriette *that leaves poor Henriette out*
[16]Elle a très mal accueilli *she took very badly*
[17]se montrer *to appear in public*

tions officielles ... Enfin, dégoûtez-la de m'accompagner, tout en la dissuadant de me retenir ... Notez[18] que je n'en serai que plus gentil pour elle au retour ... Je l'aime tendrement, la pauvre petite Henriette. Seulement vous avouerez que, dans les ménages les plus unis,[19] il faut, de temps à autre, des vacances conjugales. »

Il développa ce thème pendant plus d'une heure, tandis que je pianotais[20] sur la table, car il m'empêchait de travailler. Enfin il partit, n'emportant de moi aucune promesse.

Par une singulière coïncidence, dans l'après-midi du même jour, je fus appelé au téléphone par Henriette.

—Écoutez, Bertrand, me dit-elle, si vous ne faites rien vers la fin de la journée, pourriez-vous passer chez moi? Je vous donnerai une tasse de thé et je vous demanderai peut-être un conseil.

Je la trouvai qui jouait du Bach et fus frappé par sa jeunesse. Henriette ne peut avoir beaucoup moins de quarante ans, mais ce jour-là, vêtue d'une robe claire et largement échancrée, dans la lumière flatteuse du crépuscule, [21] elle portait[22] à peine trente ans. Elle m'accueillit comme toujours avec bonne grâce,[23] joua pour moi une étude[24] que j'aime et fit servir le thé pour qu'on nous laissât tranquilles.

—Mon petit Bertrand, dit-elle enfin, vous pouvez me rendre un grand service ... Seulement pour vous le demander, je vais être obligée de vous faire la confidence la plus imprudente ...

—Vous savez bien, Henriette, commençai-je ...

—Cher Bertrand, je n'ai confiance au monde qu'en vous mais ceci est pour moi très grave ... Bertrand, j'ai un amant. C'est un homme qui vous déplairait[25] beaucoup, d'abord parce qu'il est mon amant, ensuite parce qu'il est tout à fait différent de vous ... Il est jeune, bien plus jeune que moi; c'est un Slave,[26] étudiant à Paris, beau comme un

---

[18]Notez *mind you*
[19]les ménages les plus unis *the most happily married couples*
[20]pianoter *to drum, strum*
[21]crépuscule (*m.*) *twilight*
[22]elle portait *she looked*
[23]avec bonne grâce *graciously*
[24]étude (*f.*) *musical term*
[25]qui vous déplairait beaucoup *that you would dislike very much*
[26]Slave *Slav*

dieu, excellent danseur ... Cultivé?[27] Oui, mais un peu trop content de lui ... Assez mauvais genre[28] ... Un peu fou ... Enfin vraiment rien pour vous ... Mais je l'aime et il me rend heureuse.

—Et Robert? dis-je.

5 —Robert n'en sait rien, naturellement ... Robert regarde avec pitié la pauvre petite Henriette, qui subit mélancoliquement les infidélités de son mari et qui ne peut se détacher de[29] cet homme irrésistible ... Robert pense d'ailleurs moins à moi qu'à rejoindre certaine petite Danoise.[30]

10 —Comment? dis-je. Vous connaissez cette histoire?

—Il y a longtemps, dit-elle. Et vous, Bertrand, comment la connaissez-vous?

—Parce que Robert est venu ce matin me la raconter.

—Et vous ne m'en parliez pas? Oh! le mauvais ami! ... Mais je suis
15 ravie de vous trouver tout informé ... Cela rend plus facile ma requête ... Écoutez: il faut absolument que Robert parte, pour quinze jours, en voyage au mois d'Octobre, cela me permettra de faire, avec Fédine, une croisière[31] dans les îles grecques.

—Je vous répète, Henriette, que Robert ne demande qu'à par-
20 tir,[32] il croit au contraire ...

—Attendez, Bertrand ... je sais qu'il veut partir; il me l'a dit; mais j'ai protesté, pleuré, supplié, et un peu, je crois, ébranlé[33] sa décision.

—Je ne comprends plus, Henriette ... Pourquoi cette comédie?[34]
25 —Parce qu'un acquiescement[35] souriant lui eût enlevé la moitié de son désir et même lui eût paru suspect ... Ce que je veux de vous, Bertrand, c'est d'abord que vous le confirmiez dans l'idée[36] que ce voyage est utile pour sa carrière, indispensable à cette gloire qui m'est si chère; c'est ensuite qu'en ce qui me concerne, il faut, si Robert veut

---

[27]cultivé *cultured*
[28]assez mauvais genre *a bit vulgar*
[29]se detacher de *to stop loving*
[30]Danoise *Danish girl*
[31]faire une croisière *to go on a cruise*
[32]ne demande qu'à partir *is only too anxious to leave*
[33]ébranler *here: to change*
[34]comédie (*f.*) *act*
[35]acquiescement *acquiescence*
[36]que vous le confirmiez dans l'idée *that you make him uphold the idea*

rester le maître dans son ménage comme il l'a toujours été, qu'il fasse violence à sa pitié ... S'il cède une fois, il est perdu ... Dites-lui bien ça ... Et suggérez-lui, pour m'occuper et me consoler en son absence, une petite croisière ... Vous serez un ange.

—Pauvre Robert, dis-je.   5

—Oui, dit-elle sérieusement, pauvre Robert.

Exercices

I. VOCABULAIRE

A. *Expliquez les expressions ou mots suivants par:*

DES SYNONYMES:

1. faveur 2. homme de lettres 3. grand repas 4. demande (*f.*) 5. commisération (*f.*)

DES CONTRAIRES:

1. malheur (*m.*) 2. bon marché 3. foncé 4. refus (*m.*)
5. résister

B. *Dites d'une autre façon:*

1. Robert *adore les* bons vins et *les* femmes.
2. Bertrand pense qu'Henriette et Robert *ne forment pas un couple uni.*
3. *J'acceptai de le voir* le jour même où il avait téléphoné.
4. *Une séparation momentanée entre mari et femme* est quelquefois nécessaire.
5. *Je fus appelé au téléphone par* Henriette.
6. Elle *avait l'air d'avoir* à peine trente ans.
7. Henriette a demandé à Bertrand de lui *faire une grande faveur.*
8. Elle a été obligée de lui *dire un secret.*
9. Fédine *est un peu vulgaire.*
10. Henriette voudrait *faire un voyage en bateau* avec Fédine.

C. *Complétez par le mot ou l'expression qui convient:*

1. Fédine est l'_____ d'Henriette, mais la jeune Danoise n'est pas encore la _____ de Robert.
2. Robert s'adresse à Bertrand parce qu'il sait que celui-ci est le _____ d'Henriette et qu'elle _____ en lui.

3. Robert a la possibilité de retourner en Suède parce qu'on l'a invité à faire une deuxième _____.
4. Bertrand était impatienté par la visite de Robert qui l'_____ de travailler.
5. Henriette, qui était très belle dans sa robe _____ a joué pour Bertrand une _____ de Bach.

D. *Faites des phrases à propos de Robert, Henriette et Bertrand avec:*
1. une Danoise   2. avoir confiance en   3. crépuscule
4. frappé   5. comité   6. supplier   7. étude   8. tomber amoureux de   9. surpris   10. déplaire   11. conseiller
12. croisière   13. discret   14. emmener

II. QUESTIONS

1. Pourquoi le narrateur était-il surpris du coup de téléphone de Robert?
2. Que pense-t-il de Robert? Pourquoi accepte-t-il cependant de le voir?
3. Quelle opinion Robert a-t-il de sa femme? et de Bertrand?
4. Pourquoi a-t-il choisi de se confier à Bertrand? (plusieurs raisons)
5. Qui a-t-il rencontré? Où? Que faisait-il en Suède?
6. Pourquoi veut-il y retourner? (trois raisons)
7. Comment s'est-il arrangé pour le faire?
8. D'après son mari, quelle a été la réaction d'Henriette à l'idée de ce nouveau voyage? Que désire-t-elle?
9. Quel service demande-t-il à Bertrand? Quels arguments celui-ci doit-il présenter à Henriette?
10. Quelle sera la récompense d'Henriette? Comment justifie-t-il son attitude?
11. Pourquoi Henriette téléphone-t-elle à Bertrand?
12. «Vous savez bien, Henriette . . . commençai-je. . . .» Finissez la phrase de Bertrand.
13. Quelle confidence Henriette lui fait-elle? Pourquoi?
14. Que savez-vous de l'homme qu'elle aime?
15. Selon Henriette, que pense Robert de sa femme?
16. Pourquoi Henriette tient-elle à ce que Robert fasse ce deuxième voyage?
17. Quelle comédie lui a-t-elle jouée? Pour quel motif?

18. En quoi consiste le service qu'elle demande à Bertrand? Quels arguments doit-il donner pour convaincre Robert?
19. Que doit-il suggérer?
20. Expliquez l'ironie du titre et de la fin.

III. VRAI OU FAUX?

Certaines de ces affirmations sont inexactes; corrigez-les:

1. Henriette et Robert sont un ménage uni.
2. Robert préfère l'avion au bateau pour faire la cour à une femme.
3. Il trouve les Françaises plus belles que les Nordiques.
4. Il pense qu'il est bon que le mari et la femme prennent des vacances séparées.
5. Bertrand est impatienté par la visite de Robert.
6. Il a promis de rendre ce service à Robert.
7. Fédine est un intellectuel grec et Bertrand l'aimerait beaucoup.
8. Elle a joué la comédie des larmes pour ébranler la décision de son mari.
9. Henriette sait depuis longtemps que Robert va rejoindre la Danoise.
10. Bertrand doit suggérer à Robert d'emmener sa femme faire une petite croisière après son retour.

IV. JUSTIFICATIONS

À l'aide de faits tirés du texte, justifiez les déclarations suivantes:

1. Robert ne connaît pas du tout sa femme.
2. Henriette est une femme élégante et encore jeune.
3. Robert est aussi à plaindre qu'Henriette.
4. Henriette est une excellente comédienne.

V. SUJETS DE COMPOSITIONS, OU DISCUSSIONS

1. Faites le portrait de Robert. Quelle est sa philosophie du mariage?
2. Faites le portrait d'Henriette: Henriette vue par Robert, Henriette vue par Bertrand, et Henriette telle qu'elle est vraiment.
3. À qui va la sympathie du narrateur? À Robert ou à Henriette? À qui va votre sympathie?
4. Donnez une fin à cette histoire.

Guy de Maupassant

Garçon, un bock!

GUY DE MAUPASSANT
(1850-1893)

C'est une nouvelle, Boule de Suif, *publiée en 1880, qui fut le premier succès de Maupassant et détermina sa vocation de conteur. Dans sa courte mais prodigieuse carrière, il publia six romans et plus de trois cents nouvelles.*

Sans représenter l'amplitude et la variété de son talent, Garçon, un bock! *(extrait de* Miss Harriet*) est un exemple superbe de son style et du don qu'il a de communiquer un drame et de rendre l'expérience traumatique qui a causé la tragédie de toute une vie. Maupassant* **voit**, *et voit* **juste**. *Sa technique est toujours parfaite, si parfaite qu'on l'a accusée d'être stéréotypée, mais Maupassant reste le maître des maîtres, un conteur extraordinaire.*

Garçon, un bock![1]...

Pourquoi suis-je entré, ce soir-là, dans cette brasserie?[2] Je n'en sais rien. Il faisait froid. Une fine pluie, une poussière d'eau voltigeait, voilait les becs de gaz[3] d'une brume transparente, faisait luire les trottoirs que traversaient les lueurs des devantures,[4] éclairant la boue humide et les pieds sales des passants.

Je n'allais nulle part. Je marchais un peu après dîner. Je passai le Crédit Lyonnais,[5] la rue Vivienne, d'autres rues encore. J'aperçus soudain une grande brasserie à moitié pleine. J'entrai, sans aucune raison. Je n'avais pas soif.

D'un coup d'œil,[6] je cherchai une place où je ne serais point trop serré,[7] et j'allai m'asseoir à côté d'un homme qui me parut vieux et qui fumait une pipe de deux sous, en terre, noire comme un charbon. Six ou huit soucoupes de verre, empilées[8] sur la table devant lui, indiquaient le nombre de bocks qu'il avait absorbés déjà. Je n'examinai pas mon voisin. D'un coup d'œil j'avais reconnu un bockeur, un de ces habitués de brasserie qui arrivent le matin, quand on ouvre, et s'en vont le soir, quand on ferme. Il était sale, chauve du milieu du crâne, tandis que de longs cheveux gras, poivre et sel, tombaient sur le col de sa redingote.[9] Ses habits trop larges semblaient avoir été faits au temps où il avait du ventre.[10] On devinait que le pantalon ne tenait guère et que cet homme ne pouvait faire dix pas sans rajuster et

---

[1]bock (*m.*) *a glass of beer*
[2]brasserie (*f.*) *brewery; here: beer-hall; in the 20th century also a restaurant*
[3]becs de gaz (*m.*) *lamp-posts*
[4]devanture (*f.*) *shop-window*
[5]Le Crédit Lyonnais, la rue Vivienne *bank and street in the financial district of the right bank in Paris*
[6]d'un coup d'œil *at a glance*
[7]serré *here: squeezed in*
[8]soucoupes de verre empilées *the saucers on which the glasses are brought to the customer are piled up and show the waiter how many drinks the former has had*
[9]redingote (*f.*) *frock-coat*
[10]avoir du ventre *to have a bit of a paunch*

retenir ce vêtement mal attaché. Avait-il un gilet? La seule pensée des bottines[11] et de ce qu'elles enfermaient me terrifia. Les manchettes[12] effiloquées[13] étaient complètement noires du bord, comme les ongles.

Dès que je fus assis à son côté, ce personnage me dit d'une voix 5 tranquille: «Tu vas bien?»

Je me tournai vers lui d'une secousse et je le dévisageai.[14] Il reprit: «Tu ne me reconnais pas?»

—Non!

—Des Barrets. 10

Je fus stupéfait. C'était le comte Jean des Barrets, mon ancien camarade de collège.[15]

Je lui serrai la main, tellement interdit que je ne trouvai rien à dire.

Enfin, je balbutiai: «Et toi, tu vas bien?»

Il répondit placidement: «Moi, comme je peux.»[16] 15

Il se tut. Je voulus être aimable, je cherchai une phrase: «Et . . . qu'est-ce que tu fais?»

Il répliqua avec résignation: «Tu vois.»

Je me sentis rougir. J'insistai: «Mais tous les jours?»

Il prononça, en soufflant d'épaisses bouffées de fumée:[17] «Tous les 20 jours c'est la même chose.»

Puis, tapant sur le marbre de la table avec un sou qui traînait, il s'écria: «Garçon, deux bocks!»

Une voix lointaine répéta: «Deux bocks au quatre!» Une autre voix plus éloignée encore lança un «Voilà!» suraigu. Puis un homme 25 en tablier blanc apparut, portant les deux bocks dont il répandait, en courant, les gouttes jaunes sur le sol sablé.

Des Barrets vida d'un trait[18] son verre et le reposa sur la table, pendant qu'il aspirait la mousse[19] restée en ses moustaches.

Puis il demanda: «Et quoi de neuf?» 30

---

[11]bottines (f.) *ankle-boots*
[12]manchettes (f.) *cuffs*
[13]effiloqué (*modern French:* effiloché) *frayed*
[14]dévisager *to stare at*
[15]collège (m.) *roughly equivalent to: high school*
[16]comme je peux *as best as I can*
[17]bouffées de fumée (f.) *puffs of smoke*
[18]vida d'un trait *emptied in a single gulp*
[19]mousse (f.) *foam*

Je ne savais rien de neuf à lui dire, en vérité. Je balbutiai: «Mais, rien, mon vieux. Moi je suis commerçant.»[20]

Il prononça de sa voix toujours égale: «Et . . . ça t'amuse?»

—Non, mais que veux-tu?[21] Il faut bien faire quelque chose!

5 —Pourquoi ça?

—Mais . . . pour s'occuper.

—À quoi ça sert-il?[22] Moi, je ne fais rien, comme tu vois, jamais rien. Quand on n'a pas le sou, je comprends qu'on travaille. Quand on a de quoi vivre,[23] c'est inutile. À quoi bon travailler? Le fais-tu pour toi ou 10 pour les autres? Si tu le fais pour toi, c'est que ça t'amuse, alors très bien; si tu le fais pour les autres, tu n'es qu'un niais.[24]

Puis, posant sa pipe sur le marbre, il cria de nouveau: «Garçon, un bock!» et reprit: «Ça me donne soif de parler. Je n'en ai pas l'habitude. Oui, moi, je ne fais rien, je me laisse aller,[25] je vieillis. En mou- 15 rant je ne regretterai rien. Je n'aurai pas d'autre souvenir que cette brasserie. Pas de femme, pas d'enfants, pas de soucis, pas de chagrins, rien. Ça vaut mieux.»

Il vida le bock qu'on lui avait apporté, passa sa langue sur ses lèvres et reprit sa pipe.

20 Je le considérais avec stupeur. Je lui demandai:

—Mais tu n'as pas toujours été ainsi?

—Pardon, toujours, dès le collège.

—Ce n'est pas une vie, ça, mon bon. C'est horrible. Voyons, tu fais bien quelque chose, tu aimes quelque chose, tu as des amis.

25 —Non. Je me lève à midi. Je viens ici, je déjeune, je bois des bocks, j'attends la nuit, je dîne, je bois des bocks; puis, vers une heure et demie du matin, je retourne me coucher, parce qu'on ferme. C'est ce qui m'embête le plus. Depuis dix ans, j'ai bien passé six années sur cette banquette, dans mon coin; et le reste dans mon lit, jamais 30 ailleurs. Je cause quelquefois avec des habitués.

—Mais, en arrivant à Paris, qu'est-ce que tu as fait, tout d'abord?

---

[20]commerçant (*m.*) *shop-keeper, merchant*
[21]que veux-tu? *what can you do?*
[22]À quoi ça sert-il? *what's the good of that? what's the use?*
[23]Quand on a de quoi vivre *when one has enough to live on*
[24]niais *fool, simpleton*
[25]je me laisse aller *I drift*

—J'ai fait mon droit[26] . . . au café de Médicis.[27]

—Mais après?

—Après . . . j'ai passé l'eau[28] et je suis venu ici.

—Pourquoi as-tu pris cette peine?

—Que veux-tu, on ne peut pas rester toute sa vie au quartier 5
latin.[29] Les étudiants font trop de bruit. Maintenant je ne bougerai
plus. «Garçon, un bock!»

Je croyais qu'il se moquait de moi. J'insistai.

—Voyons, sois franc. Tu as eu quelque gros chagrin? Un désespoir d'amour, sans doute? Certes, tu es un homme que le malheur a 10
frappé. Quel âge as-tu?

—J'ai trente-trois ans. Mais j'en parais au moins quarante-cinq.

Je le regardai bien en face. Sa figure ridée, mal soignée,[30] semblait
presque celle d'un vieillard. Sur le sommet du crâne, quelques longs
cheveux voltigeaient au-dessus de la peau d'une propreté douteuse.[31] 15
Il avait des sourcils énormes, une forte moustache et une barbe
épaisse. J'eus brusquement, je ne sais pourquoi, la vision d'une cuvet-
te[32] pleine d'eau noirâtre, l'eau où aurait été lavé tout ce poil.[33]

Je lui dis: «En effet, tu as l'air plus vieux que ton âge. Certainement
tu as eu des chagrins.» 20

Il répliqua: «Je t'assure que non. Je suis vieux parce que je ne
prends jamais l'air.[34] Il n'y a rien qui détériore les gens comme la vie
de café.

Je ne le pouvais croire. «Tu as bien aussi fait la noce?[35] On n'est
pas chauve comme tu l'es sans avoir beaucoup aimé.» 25

Il secoua tranquillement le front, semant sur son dos les petites
choses blanches[36] qui tombaient de ses derniers cheveux: «Non, j'ai

---

[26]J'ai fait mon droit *I studied law*
[27]café de Médicis *a café on the left bank*
[28]j'ai passé l'eau *I crossed the Seine (I came to the right bank)*
[29]quartier latin (*m.*) *on the left bank, a part of Paris in which the various colleges of the University of Paris are located*
[30]mal soignée *unkempt*
[31]d'une propreté douteuse *of a questionable cleanliness*
[32]cuvette *wash-basin*
[33]poil *hairs; here the singular has a derogatory meaning*
[34]je ne prends jamais l'air *I never get any fresh air*
[35]tu as bien aussi fait la noce? *surely you must have been living wildly*
[36]les petites choses blanches *the little white things: dandruff*

toujours été sage.»[37] Et levant les yeux vers le lustre qui nous chauffait la tête: «Si je suis chauve, c'est la faute du gaz. Il est l'ennemi du cheveu.—Garçon, un bock!—Tu n'as pas soif?»

—Non, merci. Mais vraiment tu m'intéresses. Depuis quand as-tu
5 un pareil découragement? Ça n'est pas normal, ça n'est pas naturel. Il y a quelque chose là-dessous.[38]

—Oui, ça date de mon enfance. J'ai reçu un coup, quand j'étais petit, et cela m'a tourné au noir pour jusqu'à la fin.

—Quoi donc?

10 —Tu veux le savoir? écoute. Tu te rappelles bien le château où je fus élevé, puisque tu y es venu cinq ou six fois pendant les vacances? Tu te rappelles ce grand bâtiment gris, au milieu d'un grand parc, et les longues avenues de chênes, ouvertes vers les quatre points cardinaux! Tu te rappelles mon père et ma mère, tous les deux cérémo-
15 nieux, solennels et sévères.

J'adorais ma mère; je redoutais mon père, et je les respectais tous les deux, accoutumé d'ailleurs à voir tout le monde courbé devant eux.[39] Ils étaient, dans le pays, M. le comte et Mme la comtesse; et nos voisins aussi, les Tannemare, les Ravelet, les Brenneville, mon-
20 traient pour mes parents une considération supérieure.

J'avais alors treize ans. J'étais gai, content de tout, comme on l'est à cet âge-là, tout plein du bonheur de vivre.

Or, vers la fin de septembre, quelques jours avant ma rentrée[40] au collège, comme je jouais à faire le loup dans les massifs du parc,
25 courant au milieu des branches et des feuilles, j'aperçus, en traversant une avenue, papa et maman qui se promenaient.

Je me rappelle cela comme d'hier. C'était par un jour de grand vent. Toute la ligne des arbres se courbait sous les rafales,[41] gémissait, semblait pousser des cris, de ces cris sourds, profonds, que les forêts
30 jettent dans les tempêtes.

Les feuilles arrachées, jaunes déjà, s'envolaient comme des oiseaux, tourbillonnaient, tombaient, puis couraient tout le long de l'allée, ainsi que des bêtes rapides.

---

[37]sage *here: good*
[38]quelque chose là-dessous *there's more to it*
[39]courbé devant eux (*lit.*) *bent in front of them, i.e. very respectful*
[40]rentrée (*f.*) *school re-opening;* ma rentrée au collège *my going back to school*
[41]rafale (*f.*) *strong gust of wind*

Le soir venait. Il faisait sombre dans les fourrés.[42] Cette agitation du vent et des branches m'excitait, me faisait galoper comme un fou, et hurler pour imiter les loups.

Dès que j'eus aperçu mes parents, j'allai vers eux à pas furtifs,[43] sous les branches, pour les surprendre, comme si j'eusse été un rôdeur 5 véritable.

Mais je m'arrêtai, saisi de peur, à quelques pas d'eux. Mon père, en proie à[44] une terrible colère, criait:

—Ta mère est une sotte; et, d'ailleurs, ce n'est pas de ta mère qu'il s'agit, mais de toi. Je te dis que j'ai besoin de cet argent, et j'en- 10 tends[45] que tu signes.

Maman répondit, d'une voix ferme:

—Je ne signerai pas. C'est la fortune de Jean,[46] cela. Je la garde pour lui et je ne veux pas que tu la manges[47] encore avec des filles et des servantes comme tu as fait de ton héritage. 15

Alors papa, tremblant de fureur, se retourna, et saisissant sa femme par le cou, il se mit à la frapper avec l'autre main de toute sa force, en pleine figure.

Le chapeau de maman tomba, ses cheveux dénoués se répandirent; elle essayait de parer[48] les coups, mais elle n'y pouvait parvenir. Et 20 papa, comme fou, frappait, frappait. Elle roula par terre, cachant sa face dans ses deux bras. Alors il la renversa sur le dos pour la battre encore, écartant les mains dont elle se couvrait le visage.

Quant à moi, mon cher, il me semblait que le monde allait finir, que les lois éternelles étaient changées. J'éprouvais le bouleversement 25 qu'on a devant les choses surnaturelles, devant les catastrophes mons- trueuses, devant les irréparables désastres. Ma tête d'enfant s'égarait, s'affolait. Et je me mis à crier de toute ma force, sans savoir pour- quoi, en proie à une épouvante, à une douleur, à un effarement épou- vantables. Mon père m'entendit, se retourna, m'aperçut, et, se 30

---

[42]fourré (*m.*) *thicket*
[43]à pas furtifs *stealthily*
[44]en proie à *a prey to, in the grip of*
[45]j'entends *here: je veux*
[46]C'est le fortune de Jean *She is referring to her dowry. The wife's dowry passes on to the children at her death, unless she has stated otherwise.*
[47]tu la manges *you eat it up (a fortune)*
[48]parer *to avoid, to ward off*

relevant, s'en vint[49] vers moi. Je crus qu'il m'allait tuer et je m'enfuis comme un animal chassé, courant tout droit devant moi, dans le bois.

J'allai peut-être une heure, peut-être deux, je ne sais pas. La nuit étant venue, je tombai sur l'herbe, épuisé, et je restai là éperdu,
5 dévoré par la peur, rongé[50] par un chagrin capable de briser à jamais un pauvre cœur d'enfant. J'avais froid, j'avais faim peut-être. Le jour vint. Je n'osais plus me lever, ni marcher, ni revenir, ni me sauver encore, craignant de rencontrer mon père que je ne voulais plus revoir.

10 Je serais peut-être mort de misère et de famine au pied de mon arbre, si le garde[51] ne m'avait découvert et ramené de force.

Je trouvai mes parents avec leur visage ordinaire. Ma mère me dit seulement: «Comme tu m'as fait peur, vilain garçon, j'ai passé la nuit sans dormir.» Je ne répondis point, mais je me mis à pleurer. Mon
15 père ne prononça pas une parole.

Huit jours plus tard, je rentrais au collège.

Eh bien, mon cher, c'était fini pour moi. J'avais vu l'autre face des choses, la mauvaise; je n'ai plus aperçu la bonne depuis ce jour-là. Que s'est-il passé dans mon esprit? Quel phénomène étrange m'a
20 retourné les idées? Je l'ignore. Mais je n'ai plus eu de goût pour rien, envie de rien, d'amour pour personne, de désir quelconque, d'ambition ou d'espérance. Et j'aperçois toujours ma pauvre mère, par terre, dans l'allée, tandis que mon père l'assommait.[52]—Maman est morte après quelques années. Mon père vit encore. Je ne l'ai pas revu.—
25 Garçon, un bock! . . .

On lui apporta son bock qu'il engloutit d'une gorgée.[53] Mais, en reprenant sa pipe, comme il tremblait, il la cassa. Alors il eut un geste désespéré, et il dit: «Tiens! c'est un vrai chagrin, ça, par exemple. J'en ai pour un mois à en culotter[54] une nouvelle.»
30 Et il lança à travers la vaste salle, pleine maintenant de fumée et de buveurs, son éternel cri: «Garçon, un bock—et une pipe neuve!»

---

[49]s'en vint, s'en venir (arch.), *regionalism for* venir,
[50]rongé *gnawed, eaten up*
[51]garde (*m.*) *the caretaker of the estate*
[52]assommer *to knock senseless*
[53]qu'il engloutit d'une gorgée *that he swallowed down in one gulp*
[54]culotter *to season (a pipe)*

Exercices

Première Partie   (p. 27 à p. 31 «mon enfance»): <u>La rencontre</u>

I. VOCABULAIRE

A.   *Trouvez le mot qui correspond aux définitions suivantes:*
1. Un brouillard léger.
2. C'est l'étalage ou la vitrine d'un magasin.
3. Maintenant, c'est un grand café ou restaurant.
4. Personne qui fréquente régulièrement un café ou un restaurant.
5. Petite assiette que l'on met sous une tasse.
6. Parler en hésitant, et d'une manière imparfaite.

B.   *Dites d'une autre façon:*
1. J'ai vu qu'il *avait perdu ses cheveux* du milieu du crâne.
2. *Son ventre était gros.*
3. De longs cheveux *poivre et sel* tombaient sur le col de sa redingote.
4. Le narrateur était *si surpris qu'il ne pouvait pas parler.*
5. Il *a englouti* son bock.
6. J'étais tellement stupéfait que je *cessai de parler.*
5. Il *recommença à parler.*
7. Peut-être que le bockeur a *mené une vie de débauche.*

C.   *Complétez par le mot ou l'expression qui convient:*
1. Les _____ marchaient sur les _____ pleins de boue.
2. Au 19e siècle on allait dans une _____ pour boire de la bière.
3. Le garçon _____ des gouttes de bière parce qu'il courait.
4. Jean des Barrets pense que, lorsqu'on a _____, il est ridicule de travailler.
5. Il a l'air d'un vieillard parce que sa figure est _____.
6. Parler donne _____ à des Barrets parce qu'il n'en a pas l'habitude.

II. QUESTIONS

1. Comment savez-vous qu'il faisait mauvais temps ce soir-là?
2. Où le narrateur est-il entré? Où est-il allé s'asseoir? Pourquoi?
3. Pourquoi le narrateur sait-il que l'homme a déjà beaucoup bu? et qu'il fume aussi beaucoup?
4. Décrivez le bockeur. Quelle impression domine?
5. Comment sait-on qu'il a maigri?
6. Pourquoi le narrateur fait-il allusion aux bottines?
7. Qu'est-ce qui cause sa surprise? Comment savons-nous immédiatement que le bockeur connaît le narrateur?
8. Qui est le bockeur? Où l'auteur l'avait-il connu?
9. Qu'apprenons-nous sur son occupation et sa situation de famille?
10. Comment justifie-t-il son inactivité?
11. Énumérez toutes les activités de sa journée.
12. A-t-il vraiment fait son droit? Pourquoi a-t-il changé de café et de quartier?
13. À quoi l'auteur attribue-t-il la détérioration physique de son ancien camarade?
14. Comment ce dernier l'explique-t-il?
15. Complétez le portrait de des Barrets.
16. Comment explique-t-il enfin sa déchéance?

III. VRAI OU FAUX?

Certaines de ces affirmations sont inexactes; corrigez-les:
1. L'auteur se promenait sans but ce soir-là.
2. Il est entré dans la brasserie parce qu'il voulait boire un bock.
3. Le narrateur a rencontré Jean des Barrets dans un café de la rive gauche.
4. Ils s'étaient connus quand ils faisaient leur droit ensemble.
5. Jean des Barrets a l'air d'avoir quarante-cinq ans.
6. Il a tapé son verre sur la table pour appeler la serveuse.
7. Le garçon de café portait un veston.
8. Des Barrets attribuait sa calvitie (*baldness*) à une maladie.
9. Sa moustache et sa barbe étaient sales mais ses ongles étaient propres.
10. La brasserie était éclairée par des chandelles.

Deuxième Partie (p. 31 à la fin): L'histoire de Jean des Barrets

I. VOCABULAIRE

A. *Dites d'une autre façon:*
1. J'ai reçu *un coup horrible* quand j'étais petit.
2. Jean *avait très peur de* son père.
3. L'enfant profitait de ses vacances avant *de revenir en classe.*
4. Il *ne faisait pas clair* dans les bois.
5. Le comte avait dilapidé *l'argent que lui avaient laissé ses parents.*
6. Il restait en proie à *un effroi mêlé de stupeur.*
7. Jean *a couru pour se réfugier* dans les bois.
8. Il était *mort de fatigue.*
9. Il *n'osait pas* rentrer chez lui.
10. Je *n'ai plus rien désiré.*

B. *Complétez par le mot ou l'expression qui convient:*
1. Le drame qu'il raconte remonte à son _____.
2 Jean _____ comme un cheval et _____ comme un loup.
3. Le _____ qui soufflait en rafales, faisait _____ les feuilles.
4. Le Comte a saisi sa femme par le _____ et il _____ à la frapper de toutes ses forces.
5. Sa mère a roulé par terre et s'est caché _____ dans les bras.
6. S'il avait vu un tremblement de terre, il aurait éprouvé le même _____.
7. Le garde l'a _____ de force chez lui.
8. En reprenant sa pipe, Jean des Barrets l'a cassée parce qu'il _____.

C. *Faites des phrases qui illustrent la différence entre:*
marcher/se promener   rôdeur/voleur   frapper/assommer
voler/s'envoler   peur/épouvante   ramener/rapporter
commerçant/vendeur   douter/redouter

II. QUESTIONS

1. Décrivez l'habitation du jeune des Barrets.
2. Quelle sorte de personnes étaient ses parents et quels étaient ses rapports avec eux?

3. Quel âge avait Jean au moment de cet incident et quel caractère avait-il?
4. Que faisait-il ce jour-là et dans quel état d'esprit était-il? Pourquoi?
5. Qu'a-t-il fait quand il a aperçu ses parents? Dans quelle intention?
6. Pourquoi s'est-il arrêté subitement?
7. Qu'est-ce que son père exigeait de sa mère et pourquoi a-t-elle refusé? (deux raisons)
8. Quelle scène atroce a suivi cette dispute?
9. Qu'y avait-il d'extraordinaire pour l'enfant dans cette scène?
10. Quel effet ce spectacle a-t-il eu sur l'enfant? Pourquoi a-t-il crié? Pourquoi s'est-il enfui?
11. Comment a-t-il passé la nuit et le lendemain matin?
12. Pourquoi est-il revenu chez lui?
13. Comment étaient ses parents alors?
14. Quel a été l'effet psychologique de l'incident du parc sur l'enfant?
15. Que se passe-t-il à la fin de l'histoire? Qu'est-ce que Maupassant veut communiquer?

III. VRAI OU FAUX?

Certaines de ces affirmations sont inexactes; corrigez-les:
1. Le narrateur n'était jamais allé au château des Barrets.
2. Dans le pays, tout le monde respectait le comte et la comtesse des Barrets.
3. L'enfant était d'un tempérament excitable.
4. Le père faisait la noce avec des filles et des servantes.
5. Quand le comte frappait sa femme, elle a réussi à se protéger la figure.
6. Devant cette scène abominable, l'enfant est resté muet de peur.
7. Le lendemain, les parents se disputaient encore et son père a grondé Jean.
8. Jean est rentré au collège deux jours plus tard.
9. Ses parents sont morts l'année suivante.
10. À la fin de l'histoire de Jean, la brasserie était vide.

IV. JUSTIFICATIONS

A l'aide de faits tirés du texte, justifiez les déclarations suivantes:

1. Jean des Barrets est un gros buveur.
2. Jean des Barrets a un aspect physique repoussant et il est mal habillé.
3. La vie de des Barrets est absurde et triste.
4. Le comte des Barrets, respecté de tout le monde, était en réalité un homme brutal.
5. L'enfant a été bouleversé par cette scène et toute sa vie a changé à partir de ce moment-là.

V. SUJETS DE COMPOSITIONS OU DISCUSSIONS

1. Racontez la vie de Jean des Barrets.
2. Faites le portrait physique et moral de Jean des Barrets à trente-trois ans.
3. Que pensez-vous du personnage principal? Voyez-vous une faiblesse dans son caractère? Qu'est-ce qui reste vrai dans un drame comme celui-là? Quelles solutions existeraient pour Jean de nos jours?
4. En quoi Maupassant est-il pessimiste?

Jacques Prévert

Poèmes

JACQUES PRÉVERT

(1900-1977)

Les poèmes choisis ici sont tous extraits de **Paroles** dont
la réédition en 1948 connut un immense succès. Jacques
Prévert exprime des émotions, des sentiments simples —
l'amour, l'amour des fleurs, d'une vie sans contraintes —
quelquefois, il nous fait part d'un fait divers, d'un événement, et il le fait d'une façon simple, familière qui nous
touche. Il a le don de communiquer, et c'est pourquoi
nous conseillons aux étudiants d'apprendre ses poèmes ou
tout au moins de les lire à haute voix. Les effets de répétition se prêtent aisément à la mise en musique, et en disant,
sinon en chantant Prévert, on perçoit mieux la portée
du titre de «Paroles.»

Le Cancre [1]

Il dit non avec la tête
mais il dit oui avec le cœur
il dit oui à ce qu'il aime
il dit non au professeur
il est debout
on le questionne
et tous les problèmes sont posés
soudain le fou rire le prend[2]
et il efface tout
les chiffres et les mots
les dates et les noms
les phrases et les pièges[3]
et malgré les menaces du maître
sous les huées des enfants prodiges[4]
avec des craies de toutes les couleurs
sur le tableau noir du malheur
il dessine le visage du bonheur.

QUESTIONS

1. Où se passe la scène?
2. Combien de parties peut-on distinguer dans ce poème? Donnez un titre à chaque partie.
3. Quel est le caractère du cancre d'après ses «non» et ses «oui»?
4. Pourquoi le maître menace-t-il?
5. Expliquez le contraste des couleurs. Comment imaginez-vous le visage du bonheur?
6. Qui est le plus sympathique de toute la classe? Pourquoi?
7. Que pensez-vous de ce poème?

---

[1]cancre (*m.*) *the dance*
[2]le fou rire le prend *he is seized with an uncontrollable laughter*
[3]piège (*m.*) *trap, trick question*
[4]sous les huées des enfants prodiges *under the booing of the prodigies*

Composition française

Tout jeune[1] Napoléon était très maigre
et officier d'artillerie
plus tard il devint empereur
alors il prit du ventre[2] et beaucoup de pays[3]
et le jour où il mourut il avait encore
du ventre[4]
mais il était devenu plus petit.

QUESTIONS

1. Expliquez le titre.
2. Quels sont les trois moments du poème?
3. Comment le ton change-t-il?
4. Quel est l'effet du rejet «du ventre»?
5. Pensez-vous que ce soit une bonne composition française? Pourquoi?
6. Apprenez le poème par cœur.

---

[1]tout jeune *when he was very young*
[2]il prit du ventre *he became pot-bellied*
[3]il prit , ... pays *pun on the verb* prendre
[4]il avait encore du ventre *he was still pot-bellied*

Le Bouquet

Que faites-vous là petite fille
Avec ces fleurs fraîchement coupées
Que faites-vous là jeune fille
Avec ces fleurs ces fleurs séchées
Que faites-vous là jolie femme
Avec ces fleurs qui se fanent[1]
Que faites-vous là vieille femme
Avec ces fleurs qui meurent

J'attends le vainqueur.

QUESTIONS

1. Comment les deux parties du poème sont-elles présentées?
2. À qui le poète s'adresse-t-il successivement? Que représentent-elles en réalité?
3. Quel est le symbole des fleurs, à chaque époque?
4. Que signifie le dernier vers?
5. Expliquez le titre.

---

[1]qui se fanent *which are fading*

Chanson

Quel jour sommes-nous
Nous sommes tous les jours
Mon amie
Nous sommes toute la vie
Mon amour
Nous nous aimons et nous vivons
Nous vivons et nous nous aimons
Et nous ne savons pas ce que c'est que la vie
Et nous ne savons pas ce que c'est que le jour
Et nous ne savons pas ce que c'est que l'amour

QUESTIONS

1. Combien de personnages y a-t-il dans ce poème?
2. Indiquez les différentes parties.
3. Quelle est l'impression produite par la deuxième partie?
4. Comment la troisième partie provoque-t-elle un effet de surprise?
5. Comment l'auteur réussit-il à donner un effet de monotonie et de désillusion progressive?
6. D'après ce poème et les autres poèmes de ce chapitre, quelle semble être l'attitude du poète envers la vie? Quels sont ses goûts? Que n'aime-t-il pas?

Françoise Sagan

Les Cinq Distractions

FRANÇOISE SAGAN

(1935-   )

Françoise Sagan a connu un succès exceptionnel dans le roman et le théâtre. Son premier roman, Bonjour Tristesse, *a été écrit à l'âge de dix-neuf ans. Elle a ajouté une nouvelle dimension à son talent en publiant un superbe recueil de nouvelles* Des Yeux de soie *dont «Les Cinq distractions» et «Une Nuit de chien» (p. 85) sont extraits.*

Les deux récits démontrent une perception et une compréhension étonnantes de la nature humaine. Ce qui les relie, c'est peut-être la solitude des principaux personnages et de subtils traits d'humour. Si la première nouvelle a une fin douce-amère, la deuxième se termine par un vrai sourire. Les titres très «parlant», l'abondance et la précision des détails, les récits bien menés illustrent l'art de Sagan au meilleur d'elle-même.

Les Cinq Distractions[1]

Si l'on voulait résumer la vie de la comtesse Josepha von Krafenberg, femme célèbre par sa beauté et sa férocité[2] naturelle, on pourrait le faire en cinq «distractions». Il semble, en effet, que dans les moments cruciaux de son existence Josepha ait eu la possibilité surprenante de se soustraire[3]
5 complètement à la violence de l'instant pour se concentrer sur un détail, d'apparence insignifiante, qui lui permettait de s'échapper.

La première fois, c'était dans un hôtel de campagne, pendant la guerre d'Espagne, où son jeune mari agonisait.[4] Il l'avait fait venir à son chevet[5] et lui répétait d'une voix de plus en plus faible que c'était grâce à elle qu'il
10 s'était, d'une part, engagé[6] et d'autre part, délibérément fait tuer. Il lui disait que son indifférence, sa froideur à elle, en retour de son grand amour à lui, ne pouvaient pas aboutir[7] à autre chose et qu'il lui souhaitait de comprendre un jour ce que c'était que le lait de la tendresse humaine. Elle l'écoutait, immobile, très bien habillée, dans cette chambre
15 encombrée de soldats blessés et dépenaillés.[8] Elle faisait, des yeux, le tour de la salle, machinalement, avec un mélange de dégoût et de curiosité, lorsque soudain, par la fenêtre, elle aperçut un champ de blé[9] qui oscillait dans le vent d'été exactement comme un champ de Van Gogh,[10] et, dégageant sa main de la main de son mari, elle se leva en murmurant: «Tu
20 as vu ce champ, on dirait un Van Gogh», et s'appuya contre[11] la fenêtre

---

[1]distraction *diversion*
[2]férocité *cruelty, inhumanity*
[3]se soustraire à *to detach oneself from*
[4]agoniser *to be dying, at the point of death*
[5]à son chevet *to his bedside*
[6]s'engager *to enlist*
[7]aboutir à *to lead to*
[8]dépenaillé *ragged*
[9]champ de blé *field of wheat*
[10]un champ de Van Gogh *a landscape by Van Gogh*
[11]s'appuyer contre *to lean against*

quelques minutes. Lui, avait fermé les yeux et, quand elle revint, à sa grande stupeur[12] d'ailleurs, il était mort.

Son deuxième mari, le comte von Krafenberg, était un homme très riche, puissant, qui avait pensé longtemps lui faire jouer un rôle de figurante[13] élégante, intelligente et décorative. Ils allaient aux courses, parcouraient les fameuses Écuries «Krafenberg[14]», ils allaient au casino perdre les Marks «Krafenberg», ils allaient à Cannes, à Monte-Carlo, tremper les corps bronzés «Krafenberg». Néanmoins, la froideur de Josepha qui, au début, avait plus que n'importe laquelle de ses qualités séduit[15] Arnold von Krafenberg, finissait par lui faire peur. Un beau soir,[16] dans l'appartement somptueux qu'ils habitaient Wilhelmstrasse, Arnold lui reprocha cette froideur et alla même jusqu'à lui demander si, par hasard, il lui arrivait de penser à autre chose qu'à elle-même. «Vous avez refusé de me donner, lui dit-il, des petits Krafenberg, vous parlez à peine et, que je sache,[17] vous n'avez même pas d'amis.» Elle répondit qu'elle avait toujours été ainsi et qu'il aurait dû le savoir quand il l'avait épousée. «J'ai une nouvelle pour vous, dit-il alors, froidement, je suis ruiné, parfaitement ruiné, et nous partirons dans un mois nous retirer dans notre maison de campagne en Forêt Noire, c'est la seule chose que j'ai pu sauver.» Elle se mit à rire et lui répondit qu'il partirait seul. Son premier mari lui avait laissé suffisamment d'argent pour mener une vie agréable à Munich et la Forêt Noire l'avait toujours profondément ennuyée. C'est alors que les nerfs d'acier du célèbre banquier craquèrent, qu'il se mit à ravager le salon à coups de pied[18] en hurlant qu'elle l'avait épousé uniquement pour son argent, qu'il le savait bien et que le piège[19] qu'il venait de lui tendre le lui prouvait, car il n'avait jamais été plus ruiné qu'Onassis . . . Pendant qu'il vociférait[20] de la sorte et que les précieux bibelots[21] volaient, Josepha s'aperçut avec horreur que son bas droit

---

[12]à sa grande stupeur *to her utter amazement*
[13]figurante *extra*
[14]parcouraient les fameuses Écuries «Krafenberg» *made the rounds of the famous Krafenberg stables*
[15]séduire *to attract*
[16]un beau soir = un soir
[17]que je sache *as far as I know*
[18]ravager à coups de pied *to kick to pieces*
[19]piège *trap*
[20]vociférer *to rant and rave*
[21]bibelots *curios*

avait filé.[22] Pour la première fois depuis le début de ce pénible dialogue, elle eut un réflexe de surprise et se leva d'un bond. «Mon bas est filé», dit-elle et, sous le regard littéralement stupéfait du pauvre comte Arnold von Krafenberg, elle quitta la pièce.

5   Le comte oublia, ou plutôt fit semblant d'oublier cette histoire. Elle exigea d'avoir, à l'avenir, un appartement à elle, complètement séparé de lui, un appartement avec une grande terrasse qui dominait[23] tout Munich et où elle passait des heures, allongée sur une chaise longue, au soleil, l'été, éventée[24] par deux grosses femmes de chambre brésiliennes,
10   fixant le ciel sans rien dire. Ses seuls rapports avec son époux étaient un chèque qu'il lui faisait porter tous les mois par son secrétaire particulier,[25] un jeune et beau Munichois nommé Wilfrid. Wilfrid tomba très vite amoureux d'elle, de son immobilité apparente et, un jour, profitant du fait que les deux Brésiliennes parlaient à peine l'allemand, il se risqua[26] à
15   lui dire qu'il l'aimait et qu'il était fou d'elle. Il pensait qu'elle allait le chasser, lui faire perdre sa position auprès du comte, mais il y avait assez longtemps qu'elle vivait seule, sur cette terrasse, et elle se borna à lui dire[27]; «C'est très bien . . . Vous me plaisez . . . Je m'ennuie . . .» Puis elle le prit par le cou[28] et, malgré sa gêne à lui, l'embrassa violemment sous les
20   yeux impassibles des deux Brésiliennes. Quand il releva la tête, bouleversé, au comble du bonheur,[29] il lui demanda s'il serait un jour son amant, et quand. À ce moment-là, une plume d'un des deux éventails[30] des femmes de chambre se détacha et voltigea[31] un peu dans le ciel. Elle la suivit des yeux. «Regarde cette plume, dit-elle, crois-tu qu'elle va passer
25   par-dessus le mur ou pas?» Il la regarda, stupéfait. «Je vous ai demandé quand vous seriez à moi», répondit-il avec une sorte de colère. Elle sourit et lui répondit «tout de suite» en l'attirant vers elle. Les deux Brésiliennes continuèrent à agiter leurs éventails en chantonnant.[32]

---

[22]son bas avait filé *she had a run in her stocking*
[23]dominer *to overlook*
[24]éventée *fanned*
[25]particulier *private*
[26]se risquer à *to venture*
[27]elle se borna à lui dire *she merely said*
[28] elle le prit par le cou *she put an arm around his neck*
[29]au comble du bonheur *overjoyed*
[30]éventail *fan*
[31]voltiger *to flutter*
[32]chantonner *to hum*

Elle était dans le bureau du Dr Lichter qui la regardait avec curiosité et une sorte de terreur. Elle, toujours impassible. «Je ne vous ai pas revue depuis le suicide de ce pauvre garçon, dit-il, le secrétaire de votre mari.» «Wilfrid», dit-elle. «Vous n'avez jamais su pourquoi il avait fait ça chez vous?» Leurs regards se croisèrent. Celui du médecin était méprisant, 5 agressif, mais celui de Josepha était parfaitement placide. «Non, répondit-elle, j'ai trouvé ça très déplacé.[33]»

Le médecin tiqua[34] un peu et ouvrit un tiroir dont il sortit plusieurs radiographies.[35] «J'ai de mauvaises nouvelles à vous annoncer, dit-il. J'ai prévenu Herr von Krafenberg qui m'a dit de vous montrer ceci.» Elle 10 repoussa les radios de sa main gantée et lui sourit. «Je n'ai jamais su lire une radio. J'imagine que vous avez le résultat des analyses. Elles sont positives?» «Hélas, oui», dit-il. Ils se regardèrent fixement, puis elle détourna les yeux, avisa[36] un tableau au-dessus de la tête du médecin et se leva; elle fit trois pas, remit le tableau droit et alla se rasseoir paisiblement. 15 «Excusez-moi, dit-elle, cela me dérangeait.» Le médecin avait perdu son pari[37] intérieur: faire perdre pour une fois la face à Josepha von Krafenberg.

Josepha était dans une chambre d'hôtel et finissait d'écrire un petit mot pour son mari: «Mon cher Arnold, comme vous me l'avez souvent 20 reproché, je n'ai jamais su souffrir. Je ne veux pas commencer aujourd'hui.» Puis elle se leva et se jeta un dernier regard dans la glace, toujours pensive et calme. Bizarrement, elle se fit même un petit sourire, puis elle se dirigea vers le lit, s'allongea et ouvrit son sac à main. Elle en sortit un petit pistolet noir, tout à fait luisant, et l'arma.[38] Malheureuse- 25 ment, comme il était un peu dur, elle se cassa un ongle. Josepha von Krafenberg ne supportait pas le négligé[39] en quelque domaine que ce fût. Elle se leva, ouvrit le petit sac qu'elle avait avec elle, en sortit une lime à ongles et répara le dégât[40] soigneusement. Après quoi, elle retourna jusqu'à son lit et reprit le revolver. Elle l'appuya sur sa tempe. La 30 détonation[41] ne fit pas grand bruit.

---

[33]déplacé *uncalled-for*
[34]tiquer *to wince*
[35]radiographies, radios *X-rays*
[36]aviser *to notice*
[37]pari *bet*
[38]armer *to cock (a gun)*
[39]négligé *slovenliness*
[40]dégât *damage*
[41]détonation *shot*

Exercices

Première Partie   (p. 47 à p. 49 «elle quitta la pièce»): <u>Deux distractions</u>

I. VOCABULAIRE

A.   *Trouvez le mot ou l'expression qui correspond aux définitions suivantes:*
1. Fixer toute son attention sur quelque chose
2. Qui n'est pas important
3. Près du lit de
4. Personne dont le rôle est décoratif
5. Bâtiment destiné à loger des chevaux
6. C'est un synonyme de *mener à*

B.   *Dites d'une autre façon:*
1. Il *était en train de mourir* et cela ne la touchait pas.
2. Son premier mari *était entré volontairement dans l'armée.*
3. Elle l'écoutait *sans bouger.*
4. Josepha était *très bien habillée.*
5. Ils allaient voir *les chevaux qu'ils faisaient courir.*
6. Le Comte lui a dit qu'il avait *quelque chose à lui annoncer.*
7. Il l'accusa de *s'être mariée avec lui* pour son argent.
8. *Les objets de valeur* volaient dans la pièce.

C.   *Complétez par le mot ou l'expression qui convient:*
1. L'auteur _____ la vie de la Comtesse en cinq _____.
2. Le jeune mari de Josepha s'était engagé et _____ à cause de l'indifférence et du manque d'amour de la jeune femme.
3. Avant de mourir, son premier mari lui _____ de connaître la tendresse humaine.
4. La vie que les Krafenberg _____ était superficielle.
5. La froideur de Josepha qui, au début, avait _____ le Comte, lui _____ maintenant.
6. Elle se leva _____ parce que son _____ avait filé.

II. QUESTIONS

1. Pourquoi la Comtesse Josepha von Krafenberg était-elle célèbre? Comment peut-on résumer sa vie?
2. Quelle explication l'auteur donne-t-elle du mot «distraction»?
3. Quels étaient le lieu et les circonstances de la première distraction?
4. Pourquoi Josepha était-elle là? Selon son jeune mari, de quoi était-elle responsable? Comment?
5. Que lui souhaitait-il? L'écoutait-elle vraiment? Comment le savons-nous?
6. Qu'est-ce qui l'a distraite tout d'un coup? Qu'a-t-elle fait et dit alors?
7. Pourquoi a-t-elle été surprise?
8. Quelle était la situation du deuxième mari? Quel rôle voulait-il pour sa femme?
9. À quoi occupaient-ils leur vie?
10. Qu'est-ce qui a fini par faire peur au Comte? Que lui a-t-il reproché?
11. Comment Arnold résume-t-il la vie de Josepha?
12. Quelle nouvelle et quel projet annonce-t-il à sa femme?
13. Comment y répond-elle? ses raisons?
14. Décrivez la réaction du Comte.
15. Pourquoi le Comte a-t-il été stupéfait?

III. VRAI OU FAUX?

Certaines de ces affirmations sont inexactes; corrigez-les:

1. Josepha écoutait son jeune mari en marchant.
2. Elle faisait contraste avec la chambre.
3. Elle regardait les soldats blessés avec pitié.
4. Pendant que Josepha contemplait le champ de blé, son mari la regardait.
5. Le second mari de Josepha était banquier.
6. Ils allaient nager sur la Côte Basque.
7. C'est la froideur de Josepha qui avait d'abord attiré von Krafenberg.
8. La première réaction de Josepha aux reproches d'Arnold a été de s'excuser.

Deuxième Partie   (p. 49 à la fin): <u>Les trois distractions</u>

I. VOCABULAIRE

A. *Trouvez le mot ou l'expression qui correspond aux définitions suivantes:*
   1. Saisir l'occasion pour
   2. Impression désagréable que l'on éprouve devant quelqu'un
   3. Les Brésiliennes l'agitaient pour produire de la fraîcheur
   4. Qui a tendance à attaquer
   5. C'est le contraire de *respectueux*
   6. Le bruit qu'a fait le revolver de Josepha

B. *Dites d'une autre façon:*
   1. Le Comte a *fait comme s'il avait oublié cette scène.*
   2. Wilfrid pensait qu'elle allait *lui faire perdre sa place.*
   3. Elle *lui dit simplement.*
   4. *Je vous aime bien.*
   5. Wilfrid releva la tête, *rempli d'une émotion violente.*
   6. Il était *follement heureux.*
   7. Selon Josepha, le suicide de Wilfrid était *de très mauvais goût.*
   8. Le médecin *manifesta un léger mécontentement.*
   9. Josepha *ne pouvait tolérer* le négligé.
   10. Elle *a mis le revolver* contre sa tempe.

C. *Complétez par le mot ou l'expression qui convient:*
   1. La plume qui _____ l'a beaucoup distraite.
   2. Les analyses des _____ étaient positives.
   3. Elle les a _____ de sa main gantée.
   4. Josepha a remarqué que le tableau n'était pas _____.
   5. Après avoir limé son ongle, la Comtesse _____ à son lit.

D. *Complétez par une suite de mots convenable:*
   1. _____ ses seuls rapports avec son époux.
   2. Très vite, Wilfrid _____ de la Comtesse.
   3. Le docteur la regardait d'un air méprisant parce que _____.
   4. Il a tiqué un peu quand _____.
   5. Le docteur avait _____ de faire perdre la face à Josepha.

E. *Faites des phrases qui illustrent la différence entre:*
aviser/conseiller rire/sourire écurie/étable chanter/chantonner échapper à/s'échapper de figurante/vedette voler/voltiger exiger/demander stupéfait/surpris éventer/inventer

II. QUESTIONS

1. Qu'est-ce que Josepha a exigé de son mari?
2. Décrivez sa nouvelle vie.
3. Qui était Wilfrid? Quelle déclaration a-t-il faite à la jeune femme? Que craignait-il?
4. Comment a-t-elle réagi? (paroles-actions)
5. Décrivez la troisième distraction.
6. Pourquoi Wilfrid a-t-il été stupéfait? (plusieurs raisons). Quelle réaction a-t-il eue?
7. Pourquoi le docteur regardait-il Josepha avec curiosité et terreur? Quelle question lui a-t-il posée?
8. Pourquoi tique-t-il un peu?
9. Que fait le médecin? Pourquoi avait-il prévenu von Krafenberg?
10. Quel était le pari intérieur du médecin?
11. Racontez comment il l'a perdu, ou: la quatrième distraction.
12. Où se trouvait Josepha? Que faisait-elle?
13. Comment, dans la lettre, explique-t-elle une partie de son caractère?
14. Quels sont ses mouvements successifs?
15. Décrivez la cinquième distraction.
16. Quel fut le geste final de Josepha?

III VRAI OU FAUX?

Certaines de ces affirmations sont inexactes; corrigez-les:

1. Le Comte oublia totalement l'incident.
2. Elle se faisait éventer par deux grosses femmes de chambre brésiliennes.
3. Elle voyait son mari une fois par mois.
4. Elle a bien accueilli la déclaration de Wilfrid parce qu'elle vivait seule depuis longtemps.
5. Le docteur n'avait pas revu Josepha depuis la mort de son premier mari.
6. Le regard du médecin était plein de mépris.
7. Elle a soigneusement examiné les radios.
8. Le revolver a fait beaucoup de bruit.

IV. JUSTIFICATIONS

À l'aide de faits tirés du texte, justifiez les déclarations suivantes:
1. Le Comte avait voulu prendre sa revanche sur sa femme.
2. Les deux Brésiliennes étaient froides et discrètes.
3. Wilfrid est naïf et romantique.
4. Josepha est une femme «fatale» (*dangerously seductive*).

V. SUJETS DE COMPOSITIONS, OU DISCUSSIONS

1. Connaissez-vous quelqu'un, homme ou femme, comme Josepha? Donnez des exemples de son attitude, de ses actions. Comment réagissez-vous à une telle personne?
2. *La vengeance d'Arnold*: (1) Le médecin lui annonce la mauvaise nouvelle des radios positives. (2) Arnold lui dit ce qu'il faut faire et justifie son attitude en lui racontant comme il a souffert dans sa vie avec Josepha.
3. Que pensez-vous de la vie que mènent les gens très riches, les «V.I.P.», comme les von Krafenberg?
4. Le médecin a annoncé la mauvaise nouvelle à Josepha. Donnez une fin différente à l'histoire.
5. Dans sa description d'une femme froide, Sagan réussit quand même à exprimer une certaine admiration et sympathie pour son personnage. Quels sont les traits de Josepha qui peuvent, malgré tout, la rendre sympathique?

André Maurois

Le Diable dans la mine

INTRODUCTION

Ce qu'on nomme en France «les grandes Écoles» sont des établissements d'enseignement supérieur qui existent en dehors des universites. Ces Écoles se spécialisent dans la formation d'une élite orientée vers des branches aussi diverses que l'administration, l'industrie, le commerce, l'armée, l'enseignement. On y entre et on en sort également par concours; le rang dans lequel on «intègre»(: entre) et dans lequel on «sort» est important pour les carrières futures (remarquez le rang de sortie de Sabatini dans le conte). On appelle l'élève qui rentre le premier à l'École «le cacique.» L'École normale supérieure, pour les garçons, forme les futurs professeurs. Son pendant, pour les jeunes filles, est l'École normale supérieure de Sèvres. Saint-Cyr forme les aspirants officiers, l'École des Mines et l'École des Ponts et Chaussées des ingenieurs, Polytechnique (ou l'X) des officiers et des ingénieurs. Dans Le Diable dans la Mine, Sabatini, sorti de l'École des Mines, fera désormais partie du «corps des Mines» c'est à dire de l'ensemble des ingénieurs formés par l'École, qui restent à la disposition de l'État. Parmi les grandes Écoles, il faut aussi citer l'École des Sciences Politiques, l'École des hautes études commerciales, l'École nationale des langues orientales, etc...

Depuis juin 1968, les élèves des grandes écoles travaillent à des projets de réformes. Pour Polytechnique, en particulier, on discute le principe du classement final, peu démocratique: les vingt premiers —la botte— obtiennent de gros privilèges pour le choix de leur carrière. Les grandes Écoles, comme l'enseignement français en général, sont en train d'évoluer.

Le Diable dans la mine

Le métier de redresseur de torts[1] demeure aussi dangereux qu'au temps de Don Quichotte.[2] En particulier il faut se garder de l'exercer au-dessus de cinq mille mètres d'altitude et à quelques semaines de voyage d'un tribunal européen. Voilà ce que prouverait ce récit—si un récit avait jamais prouvé quelque chose. 5

J'avais connu jadis Lucien Sabatini au Lycée de Rouen. Il était en «taupe[3]» lorsque j'étais en philosophie,[4] et remarquable par le débraillé de sa tenue[5] . . . L'usage parmi les taupins[6] était alors de porter des vestes sans boutons et, en guise de cravates, des lacets de souliers. La veste de Sabatini était la plus déchirée, son lacet le plus étroit. 10 D'ailleurs remarquable mathématicien, brillant trois-quart[7] de l'équipe de rugby, il jouissait, dans la Cour des Grands,[8] d'une juste popularité. Je savais qu'il était entré à l'X[9] dans un bon rang et sorti «dans la botte[10]». Après cela, je l'avais perdu de vue. Je le croyais Inspecteur Général des Mines, ou des Ponts et Chaussées,[11] et fus tout surpris, 15

---

[1]redresseur de torts (m.) *righter of wrongs*
[2]Don Quichotte *Don Quixote*
[3]taupe *academic year of intensive specialization, preparing the students to the* Grandes Écoles, *for instance* Polytechnique
[4]philosophie (f.) *terminal class in French lycées, which used to lead to the second* baccalauréat
[5]le débraillé de sa tenue *the sloppiness of his clothes*
[6]taupin (m.) *student in the* taupe
[7]trois-quart *full back*
[8]la Cour des Grands *recreation yard of the older students*
[9]l'X *slang for* École Polytechnique
[10]dans la botte *among the top twenty students to graduate*
[11]Inspecteur général (m.) *Head surveyor*

comme je faisais en Algérie[12] une tournée de conférences, de le trouver soudain, presque aussi sale qu'au Lycée, mais avec un air, craintif
et résigné, de chien battu,[13] dans un train allant vers le Sud.[14]

Revoir un homme que l'on n'a pas rencontré depuis trente ans est
5 toujours un choc. Son nom est resté, dans nos souvenirs, lié à l'image
d'un adolescent. Nous découvrons un homme mûr, presque un
vieillard, et notre propre transformation, longtemps invisible à nos
yeux, nous devient soudain perceptible. J'essayai de ne pas trop
montrer mes sentiments. Nous nous étions reconnus, l'un et l'autre,
10 dès la première seconde; c'était à la rigueur[15] une consolation.

—Sabatini?

—Bertrand Schmitt?

—Oui . . . Que fais-tu dans ce bled?[16]

—C'est plutôt, dit-il, à toi, romancier métropolitain,[17] qu'il fau-
15 drait poser la question. Moi? C'est simple: je rejoins Tinit, la mine de
plomb[18] dont je suis l'ingénieur . . .

—Je suis bien ignorant, lui dis-je, je n'en connaissais même pas le
nom . . . C'est une mine importante?

—Hélas! non, dit-il.

20 Et comme mon silence paraissait chargé d'étonnement, il ajouta
tout de suite:

—Mon pauvre vieux . . . Te voilà tout marri[19] de retrouver Sabatini, l'as de la boîte,[20] le Prix d'Honneur de math au Concours Général,[21] exilé à cinquante ans dans un bled misérable, pour exploiter une
25 mine qui ne paie pas . . . Dis-toi, pour te rassurer, que les choses sont
ainsi par ma faute . . . Oui . . . La vie m'avait offert un beau départ . . .
Puis elle m'a posé un problème difficile, auquel j'ai donné une solution

---

[12]Algérie *Algeria*
[13]de chien battu *of a whipped dog*
[14]le Sud *the South*
[15]à la rigueur *all things considered*
[16]bled *North African countryside here: slang sticks*
[17]métropolitain *from the* Métropole (*i.e. France*)
[18]plomb (*m.*) *lead*
[19]marri *sorry, bewildered*
[20]boîte (*f.*) *slang for school*
[21]Prix d'honneur (*m.*) *the highest prize* Concours général *national competitive exam taken by the most proficient High School students*

qui me paraissait juste ... Elle était fausse ... Ça n'a pas collé[22] ... Et depuis, ça n'a plus jamais collé.

—Tout cela, dis-je, est fort obscur. Voyons, je ne me trompe pas? Tu es bien entré à l'École des Mines vers 1906 ou 1907?

—Exact, dit-il.   5

—Bon ... Tu en es sorti Ingénieur de l'État?

—Naturellement.

—Et tu n'es pas resté dans le corps des Mines?

—Non, dit-il. J'ai pantouflé[23] ... Je ne sais si tu te souviens de ma famille? ... Elle était fort pauvre ... Mon père était un adjudant[24] de 10 carrière[25] ... Il y avait des frères à élever. J'avais besoin de gagner ma vie tout de suite et le mieux possible ... Or un de mes oncles avait réussi à devenir le chef comptable[26] d'une grande affaire minière: Pilcomayo ... Tu ne vas pas me dire que tu n'as jamais entendu parler de Pilcomayo?   15

—Je sais confusément, dis-je, que ce nom retentit dans les Bourses[27] du monde entier, mais je serais fort incapable de dire si c'est celui d'une mine d'or, de cuivre[28] ou de manganèse.

—L'ignorance des littérateurs est bien connue, dit-il. Mais tu bats tous les records[29] ... Pilcomayo, qui est en Bolivie,[30] dans les Cordil- 20 lères,[31] non loin de la frontière argentine,[32] était connue dès le XVIe siècle comme la Montagne d'Argent. Charles-Quint[33] la nommait la «mine impériale». Elle a produit, depuis qu'elle existe, plus de quarante milliards[34] de notre monnaie et, bien que son exploitation soit maintenant plus difficile, elle semble vraiment inépuisable ... Mon 25 oncle, fort estimé des administrateurs français de l'affaire, qui est

---

[22]ça n'a pas collé *it did not work out*
[23]pantoufler *to leave Public service to go into private enterprise*
[24]adjudant (*m.*) *equivalent to a sergeant major*
[25]dè carrière *regular*
[26]chef comptable (*m.*) *chief accountant*
[27]Bourse (*f.*) *stock market*
[28]cuivre (*m.*) *copper*
[29]tu bats tous les records *you take the cake*
[30]Bolivie *Bolivia*
[31]Cordillères: Cordillères des Andes *Andes Cordilleras*
[32]argentine *argentinian*
[33]Charles-Quint *Charles I (1500-58) King of Spain (1516-66) known as Charles V, Emperor of the Holy Roman Empire*
[34]milliards *billions*

internationale, mais dont le siège[35] est à Paris, vint me dire, quelques mois après ma sortie de l'École,[36] qu'une place d'adjoint[37] au chef de l'exploitation allait se trouver libre à Pilcomayo, que le traitement[38] était triple de celui que je pouvais avoir en France et qu'il se

5 faisait fort,[39] si je le souhaitais, de me faire nommer.

—C'était renoncer à ta carrière de fonctionnaire?

—Je ne me sentais pas fait pour végéter en France... J'aimais les voyages... Je savais que Pilcomayo était non seulement la mine la plus riche, mais la plus pittoresque et la plus haute du monde. J'avais

10 toujours eu le goût de la montagne. Cette mine d'argent, piquée dans les neiges éternelles, me séduisait.[40] Bref, j'acceptai d'être présenté à l'administrateur-délégué.[41] C'était le vieux Börsch, alors associé de la Banque Holmann, de Nancy, personnage dur, cynique, mais qui ne me déplut pas.[42] Il me donna le poste, en me recommandant de faire

15 bon ménage[43] avec mon ingénieur en chef, Gontran, qui était comme moi un ancien X.

» Je ne te raconte pas le voyage. La ville bolivienne la plus proche de la mine est Potosi, une étonnante cité espagnole qui a eu, au XVIIᵉ siècle, plus de cent mille habitants. Là, j'avais ordre de me présenter à

20 Don Antonio Lopez, administrateur local de notre société. Je trouvai un homme de grandes manières,[44] qui me reçut bien et me parla longuement des Indiens qui allaient former, parmi les mineurs placés sous mes ordres, le groupe le plus nombreux.

»Le chemin de fer s'arrêtait à Potosi. *El Señor administrador* me

25 donna des mulets pour continuer ma route et bientôt je fus à Pilcomayo. Le décor ne me déçut pas. Rien de plus grandiose que ce pic géant dans lequel des générations de mineurs ont percé, depuis des siècles, des alvéoles[45] innombrables. Gontran, mon chef, me fit bon

---

[35]siège (*m.*) *the main office*
[36]ma sortie de l'École *my graduation*
[37]adjoint *assistant*
[38]traitement (*m.*) *salary*
[39]il se faisait fort *he felt certain, he prided himself upon*
[40]me séduisait *captivated me*
[41]administrateur-délégué *administrator in charge*
[42]qui ne me déplut pas *whom I rather liked*
[43]de faire bon ménage *to get along*
[44]de grandes manières *a man of distinction*
[45]alvéoles (*f.*) *pits*

accueil. C'était un homme de cinquante ans environ, excellent techni- cien, volontiers ironique. Il me traita tout de suite en camarade et me promena sur les chantiers.[46]

»—Vous savez, me dit-il, que l'on peut trouver à Pilcomayo deux formes de minerai:[47] le sulfure d'argent,[48] tendre et noir, qui forme les 5 parois de la galerie où nous nous trouvons en ce moment et, beaucoup plus rarement, un mélange de pyrargite[49] et de proustite[50] qui est l'argent rouge, infiniment plus riche en métal. Mais je ne puis en ce moment vous montrer en exploitation[51] que la première forme, celle qui contient à peu près un demi pour cent d'argent... Autrefois, au 10 temps où les Jésuites exploitaient cette mine, ils ont eu plusieurs fois la chance de trouver des filons[52] rouges, dont le rendement[53] allait à 60%, et même des blocs d'argent natif.[54] On en cite un qui pesait plus de cinq cents kilogs[55]... Malheureusement ces temps sont passés[56] et, sans être épuisée, la mine est vieille.» 15

»Gontran était marié et sa femme, une Périgourdine,[57] avait eu le courage de le suivre jusqu'à cette altitude. Elle me pria de prendre avec eux au moins un repas par jour, ce que je fis avec joie, car ils étaient tous deux aimables et la cuisine de Mme Gontran beaucoup meilleure[58] que celle de l'Indienne de la popote[59]... Je te fais grâce 20 de[60] la description d'une vie monotone, mais saine et somme toute supportable, et j'arrive au premier acte de ma tragédie. Un matin, comme je montais vers la mine, plein d'espoir, ayant ouvert la veille un Puits[61] N° 5 sur lequel je comptais beaucoup, je vis de loin, devant

---

[46]chantiers (*m.*) *fields*
[47]minerai (*m.*) *ore*
[48]sulphure d'argent *silver sulphide*
[49]pyrargite *pyrargyrite (silver antimony sulphide)*
[50]proustite *proustite (arsenic silver sulphide)*
[51]en exploitation *being worked, working*
[52]filon (*m.*) *vein, lode*
[53]rendement (*m.*) *yield*
[54]natif *raw*
[55]500 kg. *1.102,30 pounds*
[56]ces temps sont passés *those days are gone*
[57]Périgourdine *from Périgord, a region in the southwest of France*
[58]beaucoup meilleure *the normal expression is:*bien meilleure
[59]popote (*f.*) *canteen, mess hall*
[60]Je te fais grâce de *I spare you*
[61]Puits *pit*

l'entrée de la galerie, un rassemblement nombreux et agité. Les ouvriers, indiens et métis,[62] parlaient un jargon à demi espagnol, que j'avais assez vite appris à comprendre, mais ils semblaient ce jour-là si excités que je m'adressai d'abord au chef de chantier[63] qui était un
5 des rares[64] Français de Pilcomayo:

»—Bonnetaille, lui dis-je, sévèrement, pourquoi vos hommes ne sont-ils pas au travail à cette heure?

»—Ma foi, monsieur l'Ingénieur, me dit-il, essayez de les faire entrer. Vous serez peut-être plus heureux que moi. Ils disent que le
10 Diable est dans la mine et refusent de travailler.

»—Le Diable est dans la mine? Quelle est cette sottise? . . . Ce sera quelque oiseau fourvoyé[65] dans la galerie. Avez-vous été voir vous-même?

»—Je le voulais, monsieur l'Ingénieur. Ils ont refusé de me laisser
15 passer.

»—Et vous avez accepté leurs ordres? Il faut que cette plaisanterie cesse, et tout de suite.»

» Je voulus écarter[66] deux hommes, mais ils saisirent mes bras, sans aucune brutalité, d'ailleurs, et m'immobilisèrent, tandis qu'un troi-
20 sième, avec dextérité, tirait de la poche de mon pantalon le revolver que j'avais coutume d'y porter.

»—*Señor* Ingénieur, dit l'un d'eux, nous vous demandons pardon, mais en ce moment nous vous sauvons la vie. Le Diable est dans la mine.

25 »—Quel Diable? . . . Qu'avez-vous vu?

»—Nous n'avons rien vu, *Señor* Ingénieur, mais nous l'avons tous entendu. C'était une voix comme un tonnerre et qui nous a défendu d'entrer dans la galerie.

»—Une voix? . . . Bonnetaille, est-ce que vous avez entendu quel-
30 que chose?

»—Non, monsieur l'Ingénieur, il paraît que ça s'est passé avant mon arrivée . . . Mais, si je puis donner mon avis, je les crois de bonne

---

[62]métis *half-breed*
[63]chef de chantier (*m.*) *foreman*
[64]un des rares *one of the few*
[65]fourvoyé *led astray, lost*
[66]écarter *to push aside*

foi ... Et la preuve en est qu'ils sont tous prêts à travailler dans le puits N°4, ou à en ouvrir un autre ... Ils me l'ont dit.

»—Lâchez-moi, dis-je aux hommes, et parlons avec calme.»

»Bonnetaille avait dit la vérité. Les mineurs ne demandaient rien; il ne s'agissait ni d'une grève,[67] ni d'une révolte; mais tous avaient 5 entendu parler d'un Diable de Pilcomayo qui, de temps à autre, apparaissait dans la mine et broyait[68] quiconque le défiait; quelques-uns l'avaient déjà vu; tous le craignaient. Je me souvins alors de quelques recommandations que m'avait faites, au moment de mon passage[69] à Potosi, notre Administrateur, Don Antonio Lopez. «Ces popu- 10 lations à demi païennes[70]», m'avait-il dit, «ont un curieux mélange de superstitions locales et de catholicisme mal assimilé. Gardez-vous de les contrarier en ces matières. Vous déclencheriez de véritables émeutes[71] ...» Je mis les hommes au travail sur un autre chantier, puis allai rendre compte à Gontran. 15

Il accueillit la nouvelle avec flegme.

»—Tiens! Tiens! dit-il, voilà notre Diable revenu ... Ne vous excitez pas, Sabatini, ce n'est pas un mauvais diable et ses visites sont de courte durée.»

»Je lui demandai s'il avait déjà été le témoin d'une aventure 20 semblable.

»—Mais oui, dit-il. C'est arrivé deux fois depuis que je suis ici et mon prédécesseur, le vieux Bousquet m'avait, en me passant le service, mis en garde.[72]

»—Et quelle est, dis-je, la procédure à suivre pour exorciser ma 25 galerie?

«—Le plus sage est de téléphoner à Potosi et de faire monter Don Antonio Lopez qui sait, mieux que nous, parler aux Indiens. Il les apaise doucement, prend part avec eux à de mystérieuses cérémonies nocturnes, et tout s'arrange[73] ... En attendant, mettez tout votre monde 30 sur les puits 3 et 4.

---

[67]grève *strike*
[68]broyer *pulverize*
[69]au moment de mon passage *on my passing through*
[70]païennes *pagan*
[71]vous déclencheriez de véritables émeutes *you would really have riots on your hands*
[72]mettre en garde *to warn*
[73]tout s'arrange *everything is alright*

«—Et ne puis-je au moins tenter d'entrer seul dans le puits N° 5?

»—Gardez-vous en bien. Vous gâteriez tout ... Si le Diable vous épargnait, les hommes ne vous rateraient pas ... Non, Sabatini, nous sommes ici cinq Français isolés; la prudence est pour nous le premier
5 devoir collectif. Comme chef, je vous interdis de prendre des risques.»

»J'obéis, et tout se passa comme l'avait annoncé Gontran. Les hommes, dès qu'on les eut changés de puits, travaillèrent à merveille. Au bout de deux jours on vit de loin, au flanc de la montagne, les
10 lacets[74] d'une longue caravane de mulets. C'était Don Antonio Lopez qui répondait à notre appel. Je m'étonnai qu'un seul homme eût besoin pour se déplacer[75] d'une telle escorte. Je vis s'entasser dans la maison qui, à Pilcomayo, attend, toujours prête, les administrateurs en tournée, d'innombrables valises. Il est vrai que le *Señor Adminis-*
15 *trador* n'était pas seul. Il avait amené avec lui sa nièce, Doña Teresa, créature d'une rare beauté, avec cet air à la fois pudique et sensuel qu'ont parfois les Espagnoles de bonne race[76] et qui, aujourd'hui encore, oui, mon cher, me fait perdre la tête. D'abord je crus que le mot «nièce» était un euphémisme et le rôle de la dame, auprès de
20 Lopez, tout différent. Mais Gontran m'affirma que c'était là une nièce authentique et tout en effet parut le prouver. Le vieillard passa ses journées parmi nos Indiens et ne parut nullement jaloux quand j'offris de montrer à la belle Teresa les sites les plus curieux de la montagne.

25 »Quant à lui, j'étais surpris de le trouver si actif, si ardent, tantôt discourant dans les camps d'ouvriers, tantôt les réunissant à l'entrée de la grotte maudite,[77] pour d'étranges cérémonies auxquelles prenait part un prêtre espagnol qu'il avait amené mais auxquelles nous étions, Gontran et moi, priés de ne point
30 paraître. J'étais loin de m'en plaindre. Cela me donnait le loisir de passer mes soirées près de la belle Teresa. Dans la maison de l'administrateur, il y avait un piano. Comme tant de mathématiciens, j'étais un peu musicien. Je l'accompagnais, tandis qu'elle chantait de belles

---

[74]lacets (*m.*) *meanders*
[75]se déplacer *to travel.*
[76]de bonne race *of good lineage*
[77]la grotte maudite *the cursed cave*

mélodies populaires espagnoles. Cependant vous pensez bien que je faisais ma cour. Après quelques jours, voyant l'Oncle Antonio favoriser nos tête-à-tête, je commençai de penser naïvement à un mariage possible. Malheureusement l'affaire de la mine s'arrangea[78] trop vite. Un matin, Don Antonio vint nous annoncer, dans le bureau de [5] Gontran, que le Diable avait réintégré son enfer[79] et que le Puits N°5 serait désormais, aux yeux des hommes, semblable aux autres. Gontran remercia vivement[80] le petit vieillard. Moi, je n'étais pas entièrement satisfait.

» —Mais enfin, Don Antonio, y avait-il, ou n'y avait-il pas réelle- [10] ment un diable?

» —Tout dépend, dit-il en hochant la tête,[81] du sens que vous donnez au mot *réellement.*

» —Et au mot *diable,* ajouta Gontran, qui échangea avec Lopez un bizarre sourire.» [15]

» Je n'en sus pas plus long. Doña Teresa me fit des adieux assez froids et ne m'invita pas à lui rendre visite à Potosi. Puis l'immense caravane du *Señor Administrador* se reforma, s'ébranla,[82] et nous la regardâmes longtemps, Gontran et moi, descendre en lacets le pic neigeux. Quand enfin elle disparut dans un pli d'ombre,[83] Gontran [20] poussa un soupir de soulagement:[84]

» —Ouf![85] dit-il. Une fois de plus, la farce est jouée.[86]

» —La farce?

» —Si vous préférez, disons la comédie . . . Sérieusement, Sabatini, comment interprétez-vous les événements dont vous venez d'être le [25] témoin pour la première fois, et peut-être pas pour la dernière?

» —Je ne les interprète pas. Je les constate.

» —Vous ne croyez tout de même pas que Don Antonio Lopez, homme d'une paresse notoire, et sa jolie nièce, sont montés à plus de

---

[78]s'arrangea *was straightened out*
[79]avait réintégré son enfer *had returned to his hell*
[80]vivement *warmly*
[81]hocher la tête *to nod*
[82]s'ébranla *got under way*
[83]pli d'ombre *dark bend*
[84]poussa un soupir de soulagement *sighed with relief*
[85]ouf *whew*
[86]la farce est jouée *literally the farce is over*

cinq mille mètres[87] et ont passé dans la neige huit jours mortels, pour permettre à la Señorita Teresa de chanter avec vous des seguedilles,[88] en buvant du manzanilla?[89]

»—Non ... Je crois que Don Antonio Lopez, administrateur de
5 cette mine, a jugé nécessaire d'y remettre la paix en un moment difficile, et qu'en somme il y a réussi ... Est-ce que je me trompe?»

»—Gontran me regarda en riant:

»—Ma foi, dit-il, vous êtes plus naïf que moi, Sabatini ... Car lorsque la chose m'arriva pour la première fois, j'en devinai plus que
10 vous ... Il est vrai que j'étais marié et que nulle Teresa ne fut alors, pour moi, le Diable de la Mine.

»—Je ne comprends pas, lui dis-je. Qu'aviez-vous deviné?

»—Ce que vous allez comprendre vous-même, dit-il, car vous êtes ici mon collaborateur et, je l'espère, mon successeur. Il faut que vous
15 sachiez ... N'avez-vous pas été frappé par le nombre, vraiment surprenant, des mulets qui portaient les bagages de Don Antonio?

»—Si ... J'ai pensé que sa nièce ...

»—Vous pensez trop à sa nièce, Sabatini ... Si vous aviez eu l'esprit libre, vous auriez calculé le nombre de valises nécessaires pour embal-
20 ler[90] le nombre de robes que vous a montrées cette charmante personne, et le résultat vous eût montré qu'il vous manquait un facteur pour compléter l'équation ... Autre détail: n'avez-vous pas remarqué que les mulets, alertes et légers au moment de leur arrivée, et alors qu'ils venaient pourtant de monter une pente fort rude,[91] pliaient sous la
25 charge au moment du départ?

»—Où voulez-vous en venir?[92] Lopez emportait d'ici plus qu'il n'y avait amené?

»—Cela me paraît évident.

»—Et qu'emportait-il?

30 »—Que peut-on emporter de Pilcomayo, sinon ...

»—Du métal?

---

[87]cinq mille mètres *15,386 feet*
[88]seguedille (*f.*) *seguedilla (fast Spanish dance)*
[89]manzanilla (*f.*) *Spanish wine, slightly bitter*
[90]emballer *to pack*
[91]une pente fort rude *a very steep climb*
[92]Où voulez-vous en venir *what are you driving at?*

»—Sabatini, vous raisonnez lentement mais sûrement . . .

»—Quel rapport entre ce fait et le . . . ?

»—Et le Diable de la Mine? . . . Un rapport très étroit, cher Sabatini. Supposez qu'entre vos ouvriers et Don Antonio existe un lien solide, une sorte de franc-maçonnerie[93] dont il serait le chef ou, comme on dit ici, le cacique[94] . . . Ce n'est pas invraisemblable. N'oubliez pas que tous ces Indiens et métis sont organisés en clans, et que c'est Don Antonio qui les a tous fait engager[95] . . . Bien . . . Supposez aussi qu'en attaquant, l'autre matin, avant votre réveil, le Puits N° 5, ces ouvriers aient soudain rencontré du minerai rouge, ou même un bloc d'argent natif . . . Ne dites pas non, Sabatini . . . Plusieurs fois, dans la longue existence de cette mine, c'est arrivé . . . Supposez encore qu'en telle occurrence, il soit convenu entre Don Antonio et ses fidèles[96] que le travail doit cesser aussitôt, et ne reprendre qu'à son arrivée, et à son profit . . . Supposez enfin que ce vieillard ingénieux ait trouvé un moyen de nous contraindre nous-mêmes à lui demander par téléphone, de monter à notre secours . . . Alors se déroule un scénario simple et brillant . . .»

» Je frappai la table du poing:

»—Bon Dieu! dis-je, mais c'est évident . . . Les hommes trouvent l'argent natif . . .

»—Ou le minerai rouge, coupa Gontran.

»—Ils avertissent leur chef, écartent Bonnetaille et, fuyant à grands cris,[97] annoncent que le Diable est dans la mine . . .

»—Nous alertons Lopez. Celui-ci monte, pénètre dans la galerie avec des hommes sûrs,[98] sous prétexte d'exorciser le Démon, et, la nuit, tandis que l'ingénieur Sabatini courtise[99] une belle nièce, qui a son rôle dans le scénario . . .

«—C'était donc un rôle?

»— . . . Et que l'ingénieur en chef Gontran, vieux routier[1] de Pilco-

---

[93]franc-maçonnerie (f.) *freemasonry, fig. a secret alliance*
[94]cacique (m.) *Indian word for chief*
[95]engager *to hire*
[96]ses fidèles *his faithfuls*
[97]à grands cris *screaming*
[98]des hommes sûrs *reliable men*
[99]courtiser *to court*
[1]vieux routier *old timer*

mayo, ferme les yeux . . . Mais oui, mon cher camarade, mais oui . . .
ferme les yeux . . . le *Señor Administrador* fait charger ses cent mulets
de quelques millions de métal . . . L'opération terminée, le bloc épuisé, il annonce, que le Diable a quitté la Mine, les hommes sur son
5 ordre reprennent le travail, la Compagnie de Pilcomayo est un peu
plus pauvre, Don Antonio un peu plus riche, et messieurs les ingénieurs retrouvent fièrement leur autorité . . . Voilà, mon cher, toute la
comédie . . . Quand on la reprendra, regardez mieux.

»—Mais vous-même, dis-je, encore incrédule, vous qui savez ces
10 choses et qui représentez ici la Compagnie, vous laissez faire?[2] . . . Il
vous eût suffi, au moment du départ, d'ouvrir un seul des ballots[3]
portés par cette colonne de mulets,[4] pour démasquer[5] Antonio et le
forcer à rendre le produit de son vol.

»—Certes, dit-il.

15 »—Alors pourquoi cette mansuétude?

»—Vous allez voir, dit-il en riant, que dans cinq minutes le jeune
Sabatini m'accusera de complicité . . . Non, mon cher, je ne touche pas
ma part[6]; il existe une explication de ma conduite; mais elle n'est pas si
simple . . . Supposez que je démasque, comme vous dites, le *Señor*
20 Antonio; supposez qu'il ordonne à ses hommes de le débarrasser de
moi (ou de vous); ils sont cinq mille contre cinq, et l'on trouvera,
parmi eux, cent témoins pour raconter l'accident, de travail ou de
route, dont les Français auront été les victimes imprudentes . . .

»—On peut imaginer, dis-je, un plan moins périlleux et plus effi-
25 cace . . .

»—Le jeune Sabatini, dit-il, a imaginé un plan plus efficace . . .
Le Conseil demande à connaître le plan du jeune Sabatini.

»—Supposez, dis-je, que nous laissions redescendre à Potosi le *Señor*
Antonio, puis que sans lui en demander la permission, nous descendi-
30 ons à notre tour, avertissions les autorités boliviennes, et le fassions
arrêter . . .

»—Supposez, dit-il, que la nouvelle de notre départ soit communi-

---

[2]vous laissez faire *you don't interfere*
[3]ballot (*m.*) *bundle*
[4]colonne de mulets *mule pack*
[5]démasquer *to expose (unmask)*
[6]je ne touche pas ma part *I don't get my share*

quée au *Señor* Antonio par l'une des cinq mille personnes qui nous surveillent pour son compte,[7] et qu'il juge utile d'interrompre notre voyage . . .

» —Parce qu'un devoir est dangereux, dis-je, cesse-t-il d'être un devoir?

» —Ici, dit-il, le jeune Sabatini devient un héros cornélien[8] . . . Faites votre devoir et laissez faire aux dieux[9] . . . Et qui vous dit, mon cher camarade, que notre devoir soit d'éliminer du jeu le *Señor* Antonio?

» —N'est-ce pas notre devoir que de défendre ici les intérêts de la Compagnie? . . . Je ne m'intéresse pas outre mesure[10] à Messieurs Börsch, Saint-Astier et Holmann, mais j'ai signé avec eux un contrat . . .»

» Mon chef parut soudain très sérieux:

» —Sabatini, dit-il, en voilà assez[11] . . . Moi aussi, j'ai signé un contrat . . . Je suis votre ancien[12] et je sais aussi bien que vous où est mon devoir . . . Si j'agis comme je le fais, c'est que j'ai mes raisons . . . En tout cas, je suis votre patron et, si la responsabilité vous effraie, je vous couvre . . . Voilà . . . Et maintenant, je désire ne plus entendre parler de cette histoire.

» —Nos hommes ont raison, dis-je amèrement, le Diable est dans cette mine!»

» Après cela, pendant quelques semaines, mes rapports avec les Gontran furent assez difficiles. Ensuite le temps fit son effet.[13] Il est malaisé de se brouiller[14] quand on est contraint de collaborer au sommet d'un pic et au milieu d'une foule étrangère. Bientôt l'affaire de Don Antonio ne fut plus pour nous qu'un souvenir. Deux années se passèrent. Je revins en France pour un congé. Quand je revis Pilcomayo, Mme Gontran était malade et mon chef parlait de retraite.

---

[7]pour son compte *for him*
[8]héros cornélien *cornelian (From* Corneille) *hero: the cornelian hero places his duty above any other consideration*
[9]Faites votre devoir et laissez faire aux dieux *taken textually from the play* Horace, *by* Corneille (*Act II, scene 8*)
[10]outre mesure *beyond measure*
[11]en voilà assez *that's enough*
[12]ancien *senior*
[13]le temps fit son effet *time did its work*
[14]se brouiller *to be on bad terms*

L'événement, pour moi, se produisait un peu tôt et j'étais si jeune que l'espoir de lui succéder m'eût paru téméraire; ce fut pourtant ce qui arriva. Gontran eut la générosité d'écrire aux gens·du Conseil que j'étais l'homme au monde le plus capable d'occuper le poste; on le
5 crut et je me trouvai avant trente ans, à la tête d'une des plus belles exploitations minières[15] du monde. C'était un prodigieux début de carrière. En me quittant, Gontran me dit:

» —Eh bien! adieu, Sabatini . . . Et bonne chance. D'ailleurs tout ira bien. Votre technique est sûre . . . Les hommes vous respectent . . . Un
10 seul accroc[16] possible: le Diable dans la mine . . . Si jamais il revient, souvenez-vous de moi . . . Couchez-vous et fermez les yeux.»

*
*   *

» Deux années encore. Deux puits nouveaux. Deux jeunes adjoints venus de France. Le temps de mon congé approchait. Quand un matin, devant le même Puits N° 5, je trouvai un groupe animé, si
15 semblable à celui que j'avais vu jadis que, tout de suite, je sus ce qui se passait. J'avais maintenant trop d'expérience pour crier ou menacer. Dès que j'eus été informé, rituellement, de la présence dans la mine du Seigneur des Ténèbres,[17] je fis signe[18] au diable de Potosi. *El Señor Administrador* vieillissait et, cette fois, sa jolie nièce ne l'accompa-
20 gnait pas. Sans doute me jugeait-il maintenant un homme assez mûr. Je le laissai procéder, sans le troubler de ma présence, à ses mystérieuses pratiques nocturnes, mais le jour de son départ, devant mes deux adjoints et le porion[19] Bonnetaille, stupéfaits, je plongeai brusque-ment la main dans le cacolet[20] d'un des mulets et la retirai pleine du
25 plus beau minerai rouge.

» Don Antonio me regardait en souriant:

---

[15]exploitations minières *mining industries*
[16]accroc (*m.*) *hitch, difficulty*
[17]Le Seigneur des Ténèbres *the Prince of Darkness, i.e. the Devil*
[18]je fis signe *I called, I contacted*
[19]porion (*m.*) *foreman in a mine*
[20]cacolet (*m.*) *pack-saddle*

»—Un bel échantillon, dit-il ... Teneur[21] 60 à 65% ... Ne croyez-vous pas, *Señor* ingénieur?

»—Superbe, dis-je. J'aurai plaisir à le montrer, à Paris, à vos collègues du Conseil.

»—Excellente idée, dit-il, et ajoutez, je vous prie: *Avec les compliments de Don Antonio Lopez.*»

»Après cela, je m'attendis chaque jour à trouver un assassin sous mon lit, mais rien n'arriva que le temps de mon congé. Je partis pour la France sans avoir été inquiété.[22] Ma première visite, en arrivant à Paris, fut pour M. Börsch, mon grand patron. Tout bouillant de rage contenue, je lui contai mon histoire. Il m'écouta, les sourcils froncés, en battant le bureau de sa grosse main, puis, quand j'eus terminé:

»—Monsieur Sabatini, dit-il, je suis désolé ... C'était moi qui vous avais choisi; votre compétence technique m'était garantie par Gontran et votre jeunesse ne me déplaisait pas ... Mais il semble que votre jugement ne vaille pas votre science ... Je regrette que Pilcomayo ne puisse se passer de jugement.

»—Je ne comprends pas, dis-je.

»—C'est bien ce que je vous reproche, reprit-il. Vous ne comprenez pas qu'une affaire comme Pilcomayo ne peut exister que grâce à la bonne volonté d'un Lopez, homme tout-puissant dans son pays. Vous ne comprenez pas que, si je lui faisais, sur les faits signalés[23] par vous, la *moindre* observation, le recrutement de nos ouvriers deviendrait à tout jamais impossible. Vous ne comprenez pas que tous les journaux du pays qui appartiennent à Lopez, commenceront une campagne nationaliste contre les exploiteurs étrangers.Vous ne comprenez pas que tous vos prédécesseurs, y compris[24] Gontran, m'ont tour à tour[25] raconté cette histoire, mais tous, contrairement à vous, en me conseillant sagement de faire le mort[26] ... Là-dessus[27] vous arrivez; vous laissez voir au vieux renard de Potosi que l'on connaît ses tours; il constate que Paris ne réagit pas, ce qui lui assure l'impunité; il sait

---

[21]teneur (*m.*) *amount, percentage*
[22]inquiéter *to trouble, disturb*
[23]signalés *brought to my attention*
[24]y compris *included*
[25]tour à tour *in turns*
[26]faire le mort *to play dead*
[27]là-dessus *thereupon*

que je sais, ce qui me place vis-à-vis de lui dans la position la plus fausse;[28] il se sent désormais autorisé par notre silence à doubler ses exigences... Voilà votre besogne... (Il sonna une secrétaire)... «Apportez-moi», dit il à la jeune fille, «le dossier de Monsieur Sabatini... Oui... Je veux vérifier si vous avez droit, en cas de... départ, à
5 six mois ou à un an d'indemnité... Vous n'avez pas de chance: c'est six mois... Adieu, monsieur Sabatini.»

»Et ce fut ainsi que je quittai la *Pilcomayo*. Là-dessus la guerre arriva. Je rejoignis ma batterie... Quatre années d'artillerie... Au moment de la démobilisation, il fallut se mettre à la recherche d'une
10 place, et d'autant plus vite qu'en 1916, pendant une permission,[29] je m'étais marié... J'avais d'abord pensé que rien ne serait plus facile, après un tel massacre de techniciens, que de retrouver un grand poste. Mais tu sais comme moi que, dans ces Conseils d'Administration d'affaires minières, on retrouve toujours les mêmes hommes...
15 Je reconnus[30] bientôt que partout où je me présentais, il se trouvait quelque vieillard pour lever la main et dire: «Attendez... Sabatini? .'... J'ai entendu parler de ce garçon-là... Ah! oui, par le vieux Börsch... C'est une mauvaise tête,[31] un excité qui leur a causé je ne sais quels ennuis à la *Pilcomayo*... Non, non, cherchons quelqu'un d'autre.»
20 »Ce fut ainsi que, plusieurs fois, j'échouai au port.[32] Enfin, perdant l'espoir, j'acceptai un poste médiocre. Mais le gisement[33] était aussi pauvre que l'ingénieur; quand les prix du métal baissèrent, les propriétaires renoncèrent à exploiter. De nouveau, je me trouvai sur le pavé.[34] Il fallait manger et surtout élever les gosses. Un camarade
25 me signala cette mine de Tinit, que l'on allait rouvrir. Ce n'était pas un emploi bien brillant pour un homme de cinquante ans, qui a pu se croire, au temps de ses débuts, l'un des as de sa profession, mais après tout qu'importe le lieu où l'on passe quelques misérables années?... Si l'on pense aux choses avec un peu de philosophie, il n'est pas

---

[28]la position la plus fausse *the most ambiguous position*
[29]permission *leave*
[30]je reconnus *I found out, understood*
[31]mauvaise tête *unruly workman*
[32]j'échouai au port *literally, I was shipwrecked i.e. I failed*
[33]gisement (*m.*) *lode, vein*
[34]se trouver sur le pavé *literally to be on the streets, i.e. to be out of work, to be sacked*

beaucoup plus reluisant[35] d'avoir percé un grand trou en Bolivie qu'un petit en Algérie . . . N'est-ce pas ton sentiment?»

Quelques minutes plus tard, comme le train s'arrêtait dans une petite gare, il descendit. Un Arabe qui l'attendait sur le quai prit sa valise et, bien que je ne l'aie jamais revu, j'ai souvent pensé à cet homme qui manqua sa vie pour n'avoir pas reconnu à temps que, sur cette maudite planète, il faut faire au Diable sa place. 5

---

[35]reluisant *brillant*

Exercices

Première Partie   (p. 60 à p. 63 «un ancien X»): Les débuts de Sabatini

I. VOCABULAIRE

A. *Trouvez l'expression ou le mot qui correspond aux définitions suivantes:*
1. Façon de s'habiller
2. C'est le contraire de *large*
3. Quartier général d'une compagnie
4. Ils occupent un emploi permanent pour une administration publique
5. Bien s'entendre avec

B. *Dites d'une autre façon:*
1. Bertrand Schmitt avait connu Sabatini *dans le temps passé.*
2. Ça n'a *jamais marché.*
3. Tout cela *n'est pas du tout clair.*
4. Je ne *fais* pas *erreur?*
5. *Je le trouvai assez sympathique.*

C. *Complétez par le mot ou l'expression qui convient:*
1. En taupe, c'était l'usage de s'habiller d'une façon _____.
2. Au lycée, Sabatini faisait partie de _____ de rugby.
3. À cause de sa situation de famille, Sabatini a dû _____ le plus vite possible.

4. C'est son oncle qui lui avait signalé cette _____ d'adjoint.

5. Il a accepté ce poste à cause du _____ avantageux et parce qu'il aimait les _____ et la _____.

D. *Faites des phrases qui illustrent la différence entre :*
tromper/se tromper monnaie/argent homme mûr/vieillard
poste/position dramaturge/romancier faire bon ménage/
faire le ménage entendre parler/entendre dire.

II. QUESTIONS

1. Faites une description de Sabatini quand il était jeune.
2. Pourquoi était-il populaire au Lycée? (plusieurs raisons)
3. Dans quelles circonstances le narrateur a-t-il revu Lucien Sabatini?
4. Sabatini avait-il changé?
5. Que savez-vous du narrateur (nom, profession, but de son voyage)?
6. Pourquoi est-il surpris?
7. Quelle était la situation de famille du jeune Sabatini? Quel rôle l'oncle a-t-il joué?
8. Où se trouve la mine de Pilcomayo? Quelle est son histoire?
9. Pour quelles raisons Sabatini était-il allé en Bolivie?
10. Qui était Börsch?

III. VRAI OU FAUX?

Certaines de ces affirmations sont inexactes; corrigez-les:
1. Bertrand Schmitt se spécialisait en mathématiques.
2. Les deux hommes ne se sont pas reconnus.
3. L'as du lycée de Rouen avait trouvé la bonne solution à son problème.
4. Sabatini est maintenant l'ingénieur d'une mine d'argent importante.
5. Sabatini était entré dans le corps des Mines à sa sortie de l'école.
6. L'affaire de Pilcomayo était une affaire française.
7. Les administrateurs de la mine estimaient beaucoup l'oncle de Sabatini.
8. Börsch avait recommandé à Sabatini de bien s'entendre avec Gontran.

Deuxième Partie (p. 63 à p. 68 «neigeux»): <u>Le Diable dans la mine</u>

I. VOCABULAIRE

A. *Expliquez les mots suivants par:*
DES SYNONYMES:
1. société (*f.*) 2. majestueux 3. autrefois 4. tirer de
5. de bonne foi

DES CONTRAIRES:
1. lointain 2. marié 3. désagréable 4. entrée (*f.*)
5. exciter

B. *Dites d'une autre façon:*
1. Le chemin de fer *n'allait pas plus loin que* Potosi.
2. Gontran me *fit bon accueil.*
3. Le chef de Sabatini *avait la cinquantaine.*
4. Il *s'est conduit envers moi comme un* camarade.
5. Sabatini *mangeait une fois par jour* chez les Gontran.
6. Je leur ordonnai de *cesser de me tenir.*

C. *Complétez par le mot ou l'expression qui convient:*
1. Don Antonio Lopez était _____ de la société.
2. Comme le _____ s'arrêtait à Potosi, Sabatini a dû continuer sa route à dos de _____.
3. On pouvait trouver deux formes de _____ à Pilcomayo.
4. On avait trouvé autrefois un bloc d'argent massif qui _____ plus de – *66* kgs.
5. Cette vie était un peu monotone mais elle était _____ et supportable.
6. Quand Bonnetaille lui a dit que le diable était dans la mine, Sabatini a pris cela pour une _____.
7. «_____ d'entrer seul dans le puits No 5!» a dit Gontran à Sabatini.
8. Don Antonio est venu annoncer que le Diable était retourné en _____.

D. *Racontez la visite de Don Lopez en utilisant le vocabulaire suivant (rétablissez l'ordre chronologique):*
jaloux beauté flanc caravane piano actif escorte enfer descendre air faire la cour réellement chanter authentique bizarre innombrables tantôt adieux cérémonies remercier mariage

II. QUESTIONS

1. Qui était Lopez? Quel accueil a-t-il fait à Sabatini?
2. Comment s'est passée la fin du voyage? Qu'est-ce qui a impressionné Sabatini à l'arrivée?
3. Qui était Gontran? Comment a-t-il traité Sabatini?
4. Quels minerais pouvait-on trouver dans cette mine? Qu'y trouvait-on surtout alors?
5. Décrivez la vie de Sabatini au début de son séjour en Bolivie.
6. Que vit Sabatini un matin, devant l'entrée de la mine? Pourquoi les hommes n'étaient-ils pas au travail?
7. Qu'ont fait les hommes quand il a essayé d'entrer dans la mine et comment ont-ils justifié leur action?
8. Que disaient les hommes au sujet du diable?
9. Quelle décision Sabatini a-t-il prise? Pourquoi?
10. Que lui dit Gontran au sujet du diable?
11. Quels conseils Gontran lui a-t-il donnés?
12. Pourquoi lui a-t-il interdit d'entrer dans le puits No 5?
13. Décrivez l'arrivée de Don Lopez.
14. Pourquoi Sabatini a-t-il été agréablement surpris?
15. Où Lopez passait-il ses journées? Quelles étaient ses activités? Pourquoi Sabatini ne s'en plaignait-il pas?
16. Quel espoir avait Sabatini? Quelle nouvelle l'a déçu? Décrivez le départ de Lopez.

III. VRAI OU FAUX?

Certaines de ces affirmations sont inexactes; corrigez-les:

1. Mme Gontran était du Sud de la France.
2. Sabatini avait appris le patois des Indiens et des métis.
3. À l'annonce que le diable était dans la mine, Sabatini a conservé son calme.
4. Sabatini a d'abord pensé que Doña Teresa n'était pas la vraie nièce de Lopez.
5. Gontran n'a pas été surpris par la nouvelle que le diable était dans la mine.
6. Don Antonio est arrivé à Pilcomayo le jour même de l'incident.
7. Teresa jouait du piano pendant que Sabatini chantait des mélodies françaises.

8. Lopez avait autorisé Gontran et Sabatini à prendre part aux cérémonies mystérieuses.
9. Doña Teresa était très triste de quitter Sabatini.
10. En partant, Don Lopez a satisfait la curiosité du jeune ingénieur.

Troisième Partie (p. 68 à p. 73 «des yeux»): <u>Le mystère dévoilé</u>

I. VOCABULAIRE

A. *Expliquez les mots suivants par:*
DES SYNONYMES:
1. étonnant   2. frappé   3. vif   4. forcer   5. patron (*m.*)

DES CONTRAIRES:
1. paresse (*f.*)   2. chargé   3. arrivée (*f.*)   4. cesser
5. début (*m.*)

B. *Trouvez l'expression ou le mot qui correspond aux définitions suivantes:*
1. Personne qui aide, ou est associée au même travail
2. Leur père et leur mère sont de races différentes
3. Une attache solide, une relation étroite
4. Se montrer assidu, galant auprès d'une femme pour lui plaire
5. Cesser d'être ami avec quelqu'un
6. Façon de se comporter

C. *Dites d'une autre façon:*
1. La *comédie est finie.*
2. *Une semaine très ennuyeuse.*
3. *Qu'est-ce que vous insinuez?*
4. Ce sont des hommes *sur lesquels on peut compter.*
5. *«Cela suffit!»* a dit Gontran.
6. Il *a pris la suite de* Gontran dans la direction de la mine.

D. *Complétez par une suite de mots convenable:*
1. Sabatini pense que leur devoir est de _____.
2. _____, les mulets pliaient sous la charge.
3. Le rôle de Teresa dans ce scénario était de _____.
4. Gontran a demandé à Sabatini comment il interprétait les événements _____.

5. Lorsque l'incident arriva pour la première fois à Gontran _____.

6. _____ Gontran a poussé un soupir de soulagement.

7. Quand le Diable est dans la mine, il est convenu que _____.

8. Sabatini _____ ouvrir un des ballots pour démasquer Don Lopez.

II. QUESTIONS

1. Quelle a été la réaction de Gontran après le départ de don Antonio?

2. Pourquoi pense-t-il que Sabatini est naïf et à quoi attribue-t-il sa naïveté?

3. Énumérez *tous les détails* qui ont échappé à Sabatini.

4. Quel rapport existe entre Lopez et les Indiens et les métis? Pourquoi?

5. Que s'est-il passé en réalité le matin de l'incident?

6. Quel est le pacte convenu entre les Indiens et don Lopez? Quel scénario se déroule ensuite?

7. Quel rôle la nièce joue-t-elle dans cette histoire?

8. Que se passe-t-il en réalité pendant la nuit d'exorcisme?

9. Pourquoi Gontran ne fait-il rien pour démasquer Lopez?

10. Quel plan Sabatini imagine-t-il?

Quatrième Partie   (p. 73 à la fin): La chute de Sabatini

I. VOCABULAIRE

A.   *Trouvez le mot ou l'expression qui correspond aux définitions suivantes:*
1. C'est le contraire de *rajeunir*
2. Entreprise commerciale ou industrielle
3. Travail difficile, pénible que l'on n'aime pas faire
4. Ce qui est attribué à quelqu'un en réparation d'un dommage
5. Pour un militaire, la fin de la guerre
6. Congé accordé à un soldat

ANDRÉ MAUROIS

B. *Complétez par une suite de mots convenable:*

1. _____ Sabatini avait ouvert deux autres puits et fait venir deux jeunes adjoints.
2. Après avoir démasqué Don Lopez, Sabatini _____ sous son lit.
3. Le silence de Börsch autorisait Lopez _____.
4. _____ de faire le mort.
5. Börsch a regardé le dossier de Sabatini pour vérifier _____.
6. _____ car il avait la réputation d'être une mauvaise tête et d'avoir causé des ennuis à la Pilcomayo.
7. Sabatini a accepté n'importe quoi parce qu'il _____.
8. _____ pour n'avoir pas compris qu'il faut faire au Diable sa place.

C. *En quoi consiste le métier ou la profession de:*
romancier   ingénieur des mines   adjudant de carrière
mineur   chef comptable   administrateur   ouvrier   porion
fonctionnaire

II. QUESTIONS

1. Qu'a fait Sabatini le matin du 2ème incident devant le puits?
2. Comment s'est passé le deuxième séjour de don Lopez à Pilcomayo?
3. Que s'est-il passé le matin du départ de don Lopez?
4. Comment celui-ci a-t-il réagi?
5. En arrivant à Paris, chez qui Sabatini est-il allé? Pourquoi?
6. Quelle a été la réaction de son patron?
7. Était-il au courant des manigances de Lopez?
8. Pourquoi ne pouvait-il rien faire contre Lopez?
9. Selon Börsch, quels seront les résultats de la bêtise de Sabatini?
10. Qu'a fait Sabatini tout de suite après avoir perdu son poste?
11. Pourquoi sa carrière a-t-elle été brisée après la guerre?
12. Comment a été sa vie?
13. Pourquoi est-il venu à Tinit?
14. Quelle conclusion l'auteur tire-t-il de cette aventure?

82

III. JUSTIFICATIONS

À l'aide de faits tirés du texte, justifiez les déclarations suivantes:

1. «La vie m'avait offert un beau départ.» Justifiez cette phrase de Sabatini.
2. Sabatini avait de nombreuses raisons pour aller à Pilcomayo.
3. Les autorités françaises et les Indiens et métis étaient à la merci de Lopez.
4. Sabatini était naïf, honnête et courageux, plus idéaliste que Gontran.
5. L'incident de Pilcomayo a brisé la carrière de Sabatini.

IV. SUJETS DE COMPOSITIONS, OU DISCUSSIONS

1. Racontez l'aventure de Sabatini à Pilcomayo et sa découverte du diable dans la mine.
2. Sabatini n'a pas su «faire au Diable sa place», écrit A. Maurois. Expliquez, commentez et critiquez cette opinion.
3. «La vie m'avait offert un beau départ . . . Puis elle m'a posé un problème difficile auquel j'ai donné une solution qui me paraissait juste . . . Elle était fausse», dit Sabatini. Expliquez et justifiez cette vue de sa situation. Quelle est votre opinion sur cette solution?
4. Ce conte semble illustrer l'axiome «Toutes les vérités ne sont pas bonnes à dire». Discutez.

Françoise Sagan

Une Nuit de Chien

Une Nuit de Chien

M. Ximenestre ressemblait beaucoup à un dessin de Chaval. Corpulent, l'air hébété,[1] sympathique au demeurant.[2] Mais, en ce début du mois de décembre, il arborait[3] une expression chagrine qui donnait à tout passant muni d'un cœur l'envie folle de l'aborder.[4] Ce souci était dû à l'approche des fêtes que M. Ximenestre, d'ailleurs bon chrétien, voyait   5 arriver cette année-là avec répulsion, n'ayant pas un centime pour fêter Mme Ximenestre, pourtant avide de présents, son fils Charles, bon à rien, et sa fille Augusta, excellente danseuse de calypso. Pas un centime, telle était l'exacte situation. Et il n'était pas question d'augmentation[5] ni d'emprunts.[6] Les deux avaient été obtenus déjà, à l'insu de Mme   10 Ximenestre et de ses enfants, pour satisfaire le nouveau vice de celui qui eût dû être leur soutien,[7] pour satisfaire enfin la funeste[8] passion de M. Ximenestre: le jeu.

Non point le jeu banal, où l'or ruisselle sur le tapis vert,[9] ni celui où des chevaux s'essoufflent sur un autre tapis vert, mais un jeu inconnu encore   15 en France, malheureusement en vogue dans un café du XVIIe[10] où M. Ximenestre prenait un Martini rouge avant de rentrer chez lui tous les soirs: le jeu des fléchettes,[11] pratiqué avec une sarbacane[12] et des billets de

---

[1] hébété *bewildered*
[2] au demeurant *all the same*
[3] arborer *to wear*
[4] aborder *to approach*
[5] augmentation *raise (salary)*
[6] emprunt *(m.) loan*
[7] soutien *breadwinner*
[8] funeste *fatal*
[9] où l'or ruisselle sur le tapis vert *where gold trickles over the green baize*
[10] XVIIe = XVIIe arrondissement
[11] fléchettes *darts*
[12] sarbacane *peashooter*

mille francs. Tous les habitués en étaient fous, sauf l'un d'eux qui avait dû s'arrêter, ayant un souffle au cœur. Importé par un Australien inconnu au quartier, ce jeu palpitant avait vite formé une sorte de club très fermé, sis[13] dans l'arrière-salle, où le petit billard avait été sacrifié par le patron
5 enthousiaste.

Bref, M. Ximenestre s'y était ruiné, bien qu'ayant fait des débuts prometteurs. Que faire? À qui emprunter encore de quoi payer le sac à main, le demi-scooter et le pick-up qu'il se savait tenu d'offrir[14] à la suite de quelques allusions très précises à table? Les jours passaient autour de
10 lui, les yeux s'allumaient de plaisir anticipé, et la neige se mit gaiement à tomber. Le teint de M. Ximenestre devint jaune et il souhaita tomber malade. En vain.

Le 24 au matin, M. Ximenestre sortit de chez lui, suivi par trois regards approbateurs, la fouille[15] quotidienne effectuée par Mme Ximenestre
15 n'ayant pas encore amené la découverte des précieux paquets attendus. «Il s'y prend[16] à temps», pensait-elle avec quelque aigreur mais sans la moindre inquiétude.

Dans la rue, M. Ximenestre entortilla[17] trois fois son foulard autour de son visage et ce geste lui fit un instant envisager un hold-up. Idée qu'il
20 repoussa vite, heureusement. Il se mit à marcher de son pas d'ours, traînard[18] et débonnaire, et vint échouer[19] sur un banc où la neige eut vite fait de le transformer en iceberg. L'idée de la pipe, de la serviette de cuir et de la cravate rouge (par ailleurs[20] importable) qu'il savait l'attendre chez lui mettait le comble à sa désolation.[21]

25 Quelques passants rubiconds, sautillants, des ficelles et des paquets à chaque doigt, des pères de famille enfin, dignes de ce nom, passèrent. Une limousine s'arrêta à deux pas de M. Ximenestre; une créature de rêve, suivie de deux loulous[22] en laisse, en descendit. M. Ximenestre, pourtant amateur de beau sexe, la regarda sans la moindre pensée. Puis ses yeux

---

[13]sis *situated, located*
[14]il se savait tenu d'offrir *he knew were expected of him*
[15]fouille *search*
[16]s'y prendre *to set about*
[17]entortiller *to wrap around*
[18]traînard *shambling*
[19]vint échouer *ended up*
[20]par ailleurs *incidentally*
[21]mettait le comble à sa désolation *added to his misery*
[22]loulou *pomeranian dog*

errèrent[23] sur les chiens et une vive lueur[24] y apparut soudainement. Se débarrassant du tas de neige accumulé sur ses genoux, il se dressa prestement en poussant une exclamation étouffée par la neige qui lui dégringola[25] de son chapeau dans les yeux et le cou.

—À la fourrière![26] cria-t-il.   5

La fourrière était un endroit assez lugubre, plein de chiens tristes ou agités qui effrayèrent un peu M. Ximenestre. Il fixa enfin son choix sur une bête assez indéfinie quant à la race[27] et à la couleur mais qui, selon l'expression,[28] avait de bons yeux. Et M. Ximenestre se doutait qu'il faut d'infiniment bons yeux pour remplacer un sac, un pick-up et un scooter.   10
Il baptisa immédiatement sa trouvaille[29] Médor,[30] et, le tenant au bout d'une ficelle, sortit dans la rue.

La joie de Médor se traduisit immédiatement par une frénésie qui se communiqua malgré lui à M. Ximenestre, surpris par la vigueur canine. Il se vit traîner[31] quelques centaines de mètres au grand trot (car il y avait   15
longtemps que l'expression galoper ne pouvait plus s'appliquer à M. Ximenestre) et finit par atterrir dans un passant qui grommela quelque chose sur «les sales bêtes». Comme un skieur nautique, M. Ximenestre pensa qu'il vaudrait peut-être mieux lâcher la ficelle et rentrer chez lui. Mais Médor, jappant,[32] sautait sur lui avec entrain,[33] son poil jaunâtre et   20
sale plein de neige, et un instant M. Ximenestre pensa qu'on ne l'avait pas regardé ainsi depuis longtemps. Son cœur se fendit.[34] Il plongea ses yeux bleus dans les yeux marron de Médor et ils eurent une seconde d'une douceur indicible.

Médor se secoua[35] le premier. Il repartit et la course continua. M.   25
Ximenestre pensait vaguement au basset anémique qui voisinait avec

---

[23]errer *to stray*
[24]une vive lueur *a bright gleam*
[25]dégringoler *to tumble down*
[26]fourrière *pound*
[27]race *breed*
[28]selon l'expression *as they say*
[29]trouvaille *find*
[30]Médor: *in France, a very common name for a dog (Rover)*
[31]traîner *to drag along*
[32]japper *to yelp*
[33]entrain *liveliness, zest*
[34]Son cœur se fendit *His heart broke*
[35]se secouer *to snap out of it*

Médor, et qu'il n'avait même pas regardé, considérant qu'un chien doit être gros. À présent, il volait littéralement vers sa maison. Ils ne s'arrêtèrent qu'une minute dans un café où M. Ximenestre prit trois grogs et Médor trois sucres, ces derniers offerts par la patronne compatissante:
5 «Et par ce temps, la pauvre bête qui n'a même pas un petit manteau!» M. Ximenestre, ahanant,³⁶ ne répondit pas.

Le sucre eut un effet revigorant sur Médor mais ce fut un fantôme qui sonna chez les Ximenestre. Mme Ximenestre ouvrit, Médor s'engouffra³⁷ et M. Ximenestre, sanglotant de fatigue, tomba dans les bras de sa femme.
10 —Mais, qu'est-ce que c'est?

Ce cri jaillit³⁸ de la poitrine de Mme Ximenestre.

—C'est Médor, dit M. Ximenestre et, dans un effort désespéré, il ajouta: Joyeux Noël, ma chérie!

—Joyeux Noël? Joyeux Noël? s'étrangla³⁹ Mme Ximenestre. Mais que
15 veux-tu dire?

—Nous sommes bien le 24 décembre? cria M. Ximenestre que la chaleur et la sécurité rendaient à lui-même. Eh bien! pour Noël, je t'offre, je vous offre, se reprit-il, car ses enfants sortaient de la cuisine les yeux écarquillés,⁴⁰ je vous offre Médor. Voilà!
20 Et il gagna sa chambre d'un pas décidé. Mais il s'effondra⁴¹ aussitôt sur son lit et prit sa pipe, une pipe de la guerre 14–18 dont il avait coutume de dire «qu'elle en avait vu d'autres».⁴² Les mains tremblantes, il la bourra,⁴³ l'alluma, mit ses jambes sous la courtepointe⁴⁴ et attendit l'assaut.
25 Mme Ximenestre, blême, blême à faire peur, pensa M. Ximenestre in petto,⁴⁵ entra presque aussitôt dans sa chambre. Le premier réflexe de M. Ximenestre fut un réflexe de tranchées: il essaya de s'enfouir⁴⁶ complètement sous la courtepointe... Il ne dépassa de lui ⁴⁷ qu'une de ses

---

³⁶ahaner *to pant*
³⁷s'engouffrer *to burst in*
³⁸jaillir de *to spring from*
³⁹s'étrangler *to choke*
⁴⁰écarquillés *open wide*
⁴¹s'effondrer *to collapse*
⁴²elle en avait vu d'autres *it's seen a few things, let me tell you*
⁴³bourrer *to stuff, fill*
⁴⁴courtepointe *quilt*
⁴⁵in petto *to himself*
⁴⁶s'enfouir *to bury oneself*
⁴⁷Il ne dépassa de lui que: *all that could be seen of him was*

rares mèches de cheveux et la fumée de sa pipe. Mais cela suffit à l'ire[48] de Mme Ximenestre:

—Peux-tu me dire ce que c'est que ce chien?

—C'est un genre de Bouvier des Flandres,[49] je crois, dit faiblement la voix de M. Ximenestre.   5

—Un genre de Bouvier des Flandres? (La fureur de Mme Ximenestre monta d'un ton.[50]) Et sais-tu ce qu'attend ton fils pour Noël? Et ta fille? Moi, je sais bien que je ne compte pas . . . Mais eux? Et tu leur rapportes cette affreuse bête?

Médor rentrait précisément. Il sauta sur le lit de M. Ximenestre, se   10 coucha près de lui et posa sa tête sur la sienne. Des larmes de tendresse, heureusement cachées par la courtepointe, vinrent aux yeux de son ami.

—C'est trop fort,[51] dit Mme Ximenestre, es-tu sûr seulement que cette bête n'est pas enragée?[52]

—Auquel cas, vous seriez deux, dit froidement M. Ximenestre.   15

Cette réplique affreuse amena la disparition de Mme Ximenestre. Médor lécha son maître et s'endormit. À minuit, l'épouse et les enfants de M. Ximenestre partirent sans le prévenir pour la messe de minuit. Un léger malaise l'envahit et, à une heure moins le quart, il décida de sortir Médor cinq minutes. Il mit son gros cache-nez[53] et à pas lents se dirigea 20 vers l'église, Médor reniflant toutes les portes cochères.[54]

L'église était comble[55] et M. Ximenestre essaya en vain d'en pousser la porte. Il attendit donc devant le porche, sous la neige, son foulard remonté sous les yeux tandis que les cantiques[56] des bons chrétiens retentissaient à ses oreilles. Médor tirait si fort sur sa ficelle qu'il finit par 25 s'asseoir et attacher la ficelle à son pied. Le froid, les émotions avaient peu à peu engourdi[57] l'esprit déjà perturbé de M. Ximenestre, si bien qu'il ne savait plus très bien ce qu'il faisait là. Aussi fut-il surpris par le flot des fidèles affamés qui sortit précipitamment de l'église. Il n'avait pas eu le temps de se relever, de dénouer la ficelle, que déjà une voix jeune s'écriait: 30

---

[48]ire (f.) wrath
[49]Bouvier des Flandres type of sheepdog
[50]monta d'un ton went to a higher pitch
[51]C'est trop fort it's too much
[52]enragée rabid
[53]cache-nez muffler
[54]reniflant toutes les portes cochères: sniffing in all the gateways
[55]comble packed
[56]cantique (m.) hymn, carol
[57]engourdir to numb

—Oh! le joli chien! Oh! le pauvre homme! . . . Attends, Jean-Claude.
Et une pièce de cinq francs tomba sur les genoux de M. Ximenestre
hébété. Il se releva en balbutiant[58] et le nommé Jean-Claude, ému, lui
donna une autre pièce en lui conseillant de passer un joyeux Noël.

5 —Mais, balbutia M. Ximenestre, mais voyons[59] . . .

On sait à quel point la charité peut être une chose contagieuse. Tous les
fidèles ou presque qui sortirent par l'aile droite de l'église donnèrent leur
obole[60] à M. Ximenestre et à Médor. Couvert de neige, hébété, M.
Ximenestre essayait en vain de les en dissuader.

10 Étant sortis par l'aile gauche, Mme Ximenestre et ses enfants
rentrèrent au foyer. M. Ximenestre survint peu après, s'excusa pour sa
blague[61] de l'après-midi, et remit à chacun la somme équivalente à son
cadeau. Le réveillon fut très gai. Puis M. Ximenestre alla se coucher près
de Médor gavé[62] de dinde, et ils s'endormirent tous deux du sommeil des

15 justes.

---

[58]balbutier *to stammer*
[59]voyons *look here*
[60]obole (*f.*) *alms*
[61]blague *joke*
[62]gavé (de) *stuffed (with)*

Exercices

Première Partie   (p. 86 à p. 88 «dans la rue»): <u>La trouvaille</u>

I. VOCABULAIRE

A. *Expliquez les mots suivants par:*

DES SYNONYMES:

1. préoccupation (*f.*)   2. célébrer   3. immettable   4. faire
peur   5. une bête

DES CONTRAIRES:

1. maigre   2. réduction (*f.*)   3. prêter   4. inquiétude
5. vif

91

B. *Trouvez le mot ou l'expression qui correspond aux définitions suivantes:*
1. Être rendu stupide
2. Aller vers quelqu'un pour lui adresser la parole
3. Qui excite l'émotion, fait battre le cœur plus vite
4. Ne pas attendre jusqu'à la dernière minute
5. On attache un chien avec pour l'emmener promener
6. Endroit où on met les chiens abandonnés

C. *Dites d'une autre façon.*
1. *L'expression de son visage était chagrine.*
2. Son fils Charles *ne savait rien faire.*
3. Il avait emprunté de l'argent *sans que Madame Ximenestre et ses enfants le sachent.*
4. Il aurait dû *gagner le pain* de la famille.
5. Le jeu de fléchettes était *actuellement très à la mode.*
6. *Chaque jour,* Mme Ximenestre *cherchait soigneusement pour trouver* les cadeaux de Noël.
7. Cela le *rendait désolé au plus haut point.*
8. M. Ximenestre fit à peine attention à une *femme d'une beauté à faire rêver.*
9. M. Ximenestre *admirait les femmes.*
10. Il *donna le nom de Médor à sa trouvaille.*

D. *Complétez par le mot ou l'expression qui convient:*
1. Il avait déjà fait plusieurs _____ à l'insu de Mme Ximenestre.
2. Tout l'argent avait été dépensé à _____ sa passion du jeu.
3. Grâce à un _____ le jeu était arrivé en France.
4. À table, femme et enfants avaient fait des _____ précises aux cadeaux qu'ils attendaient.
5. C'est avec un peu d'_____ que Mme Ximenestre songeait aux cadeaux qui n'arrivaient pas.
6. Comme il ne savait plus quoi faire pour obtenir de l'argent, il _____ de voler une banque.
7. Un _____ s'était accumulé sur ses genoux.
8. Les loulous et les boxers sont des exemples de _____ canines

E. *Complétez par une suite de mots convenable:*

1. Il enviait les pères de famille _____ qui passaient dans la rue.
2. C'est en voyant les deux loulous _____.
3. _____ dans le café où il s'arrêtait tous les soirs.
4. En _____, il souhaita tomber malade.
5. Quand il se redressa, _____ dans les yeux et le cou.
6. _____ à cause des allusions qu'on lui avait faites à table.
7. Il savait que ses cadeaux à lui consisteraient en _____.
8. M. Ximenestre voyait arriver les fêtes avec terreur car _____.

II. QUESTIONS

1. En quoi M. Ximenestre ressemblait-il à un dessin de Chaval?
2. À quel moment de l'année sommes-nous? Pourquoi les passants charitables avaient-ils pitié de lui?
3. Quels soucis avait-il?
4. Quelle image l'auteur donne-t-elle de sa famille?
5. Expliquez pourquoi la situation de M. Ximenestre était doublement désespérée.
6. Quelle était la «funeste passion» de M. Ximenestre?
7. De quelle sorte de jeu s'agissait-il? Décrivez-le.
8. Que faisait M. Ximenestre tous les soirs? Pour quelles raisons?
9. Expliquez l'enthousiasme du patron.
10. Pourquoi M. Ximenestre souhaitait-il tomber malade à l'approche de Noël? Quel contraste existe entre lui, son entourage et les éléments?
11. Sur quels cadeaux comptaient sa femme et ses deux enfants? Comment le savait-il?
12. Expliquez «suivi par trois regards approbateurs».
13. Une fois sorti de chez lui, qu'est-ce qui lui a fait envisager un hold-up?
14. Qu'est-ce qui le mettait au comble de la désolation?
15. Quelle image de Noël donnent les passants? Commentez «des pères de famille, dignes de ce nom».
16. Racontez ce que M. Ximenestre a vu alors.
17. Quelle idée géniale a-t-il eue? Pourquoi?
18. Quelle impression a-t-il eue de la fourrière? Pourquoi a-t-il été effrayé?
19. Décrivez sa trouvaille.
20. Qu'est-ce qui a déterminé son choix?

III. VRAI OU FAUX?

Certaines de ces affirmations sont inexactes; corrigez-les:

1. M. Ximenestre était un habitué du casino et des champs de courses.
2. C'était un Américain qui avait importé le jeu des fléchettes.
3. Avant de jouer au billard, M. Ximenestre jouait aux fléchettes.
4. C'était un jeu si palpitant que l'un des habitués, qui avait un souffle au cœur, avait dû s'arrêter.
5. Les débuts de M. Ximenestre au nouveau jeu avaient été désastreux.
6. Le matin du 24 décembre, Mme Ximenestre a regardé son mari avec aigreur, mais sans inquiétude.
7. La neige avait transformé M. Ximenestre en iceberg.
8. Il aurait adoré porter une cravate rouge.
9. M. Ximenestre n'appréciait pas le beau sexe.
10. Médor était un chien de race.

Deuxième partie (p. 88 à la fin): Le Miracle

I. VOCABULAIRE

A. *Expliquez les mots suivants par:*

DES SYNONYMES:

1. indescriptible 2. épouse 3. attaque (*f.*) 4. informer
5. se relever

DES CONTRAIRES:

1. débilitant 2. éteindre 3. chaleureusement \ 4. paisible
5. s'endormir

B. *Trouvez le mot ou l'expression qui correspond aux définitions suivantes:*

1. Vivacité et bonne humeur communicatives
1. Qui prend part aux souffrances des autres
3. Chants de Noël
4. Mourir de faim
5. S'exprimer avec difficulté
6. Repas de fête que l'on fait la nuit de Noël

C. *Dites d'une autre façon:*

1. Il avait négligé le basset qui *se trouvait juste à côté de* Médor.
2. Il *s'est dirigé vers* sa chambre *en marchant avec assurance.*

3. Épuisé par cette course, il *tomba comme une masse* sur son lit.
4. M. Ximenestre trouva que son épouse était *pâle comme un fantôme.*
5. *«Quel horrible animal!»* s'est écriée Mme Ximenestre.
6. Après le départ de Mme Ximenestre et de ses enfants pour l'église, il fut pris d'un *trouble vague.*
7. L'église était *remplie de monde.*
8. Mme Ximenestre et ses enfants *sont revenus chez eux.*

D. *Complétez par le mot ou l'expression qui convient:*
   1. Malgré lui, M. Ximenestre fut pris par la _____ de Médor.
   2. Médor a _____ M. Ximenestre au grand trot et tous deux ont _____ dans un passant qui s'est mis en colère contre «_____».
   3. Il considéra la possibilité de _____ la ficelle.
   4. Au café, la patronne donna _____ au chien.
   5. M. Ximenestre a dit à sa famille qu'il leur_____ Médor pour Noël.
   6. Il se cacha sous la courtepointe et on ne voyait qu'une _____ de cheveux et la _____ de sa pipe.
   7. La femme de M. Ximenestre, dans sa fureur, apparaissait aussi _____ qu'un chien.
   8. Sur le chemin de l'église, Médor _____ partout.
   9. Après avoir reçu la_____de cinq francs, M. Ximenestre _____, mais pouvait à peine parler.
   10. M. Ximenestre, qui n'avait plus de soucis, a dormi _____.

E. *Complétez par une suite de mots convenable:*
   1. _____ répondit faiblement M. Ximenestre.
   2. Comme il avait fait la guerre de 1914–1918, lui aussi, comme sa pipe, «_____».
   3. Au café, _____ pour se réchauffer.
   4. Après sa course avec Médor, M. Ximenestre, sanglotant de fatigue, _____.
   5. Avant de sortir, _____ pour se protéger du froid.
   6. «_____» dit Jean-Claude en lui donnant une autre pièce.
   7. Son cœur se fendit car _____.
   8. Le premier réflexe de M. Ximenestre, en voyant son épouse entrer dans la chambre, _____.
   9. _____ car l'église était comble.
   10. _____ des larmes de tendresse.

F. *Faites des phrases qui illustrent la différence entre:*
tirer/traîner fouille/feuille emprunter/prêter patron/client
japper/aboyer allusion/illusion sauter/sautiller tas/tasse
renifler/souffler lueur/lumière.

II. QUESTIONS

1. Décrivez le retour à la maison. (la frénésie de Médor, la course de M. Ximenestre)
2. Qu'est-ce que M. Ximenestre eut soudain envie de faire? Expliquez la comparaison «comme un skieur nautique».
3. Pourquoi changea-t-il d'avis?
4. Où se sont-ils arrêtés? Qu'a pris M. Ximenestre? et Médor?
5. Quelle a été la réaction de la patronne?
6. Expliquez «ce fut un fantôme qui sonna chez les Ximenestre».
7. Quelle est la réaction de Médor? de M. Ximenestre? de Mme Ximenestre?
8. Comment M. Ximenestre présente-t-il Médor?
9. Où va-t-il? À quoi se prépare-t-il? Comment?
10. Décrivez Mme Ximenestre à son entrée dans la chambre. Quelles sont les raisons de sa fureur grandissante?
11. Qu'est-ce qui a fait venir les larmes aux yeux de M. Ximenestre?
12. Qu'est-ce qui a provoqué la sortie de Mme Ximenestre?
13. Pourquoi M. Ximenestre éprouve-t-il un léger malaise? Quelle décision a-t-il prise alors?
14. Décrivez le chien et son maître en route vers l'église.
15. Pourquoi M. Ximenestre fut-il forcé d'attendre devant l'église?
16. Expliquez pourquoi il finit par s'asseoir, et son état d'esprit.
17. Par quoi a-t-il été surpris? (deux choses)
18. Comment M. Ximenestre a-t-il pu offrir des cadeaux à sa famille?
19. Pourquoi sa famille ne l'avait-elle pas vu?
20. Quelles sont les raisons de chacun, y compris Médor, de se sentir comblé?

III. VRAI OU FAUX?

Certaines de ces affirmations sont inexactes; corrigez-les:

1. M. Ximenestre a heurté un passant qui lui a fait des compliments sur son chien.
2. Il n'a pas pu répondre à la patronne du café parce qu'il était épuisé.
3. Pendant quelques secondes, il a eu un léger regret de ne pas avoir adopté le basset.
4. Les enfants ont ouvert des yeux comme des soucoupes en voyant le cadeau de leur père.
5. M. Ximenestre est sorti de chez lui à minuit et a mis son chapeau.
6. Il attacha Médor à la porte de l'église.
7. De l'endroit où il était assis, il n'entendait rien.
8. Les fidèles se dépêchaient de sortir de l'église parce qu'il y faisait froid.
9. M. Ximenestre n'a pas réussi à leur faire comprendre qu'il ne mendiait pas.
10. Il est rentré le premier chez lui.

IV. JUSTIFICATIONS

À l'aide de faits tirés du texte, justifiez les déclarations suivantes:

1. M. Ximenestre et Médor avaient plusieurs traits en commun et se comprenaient bien.
2. M. Ximenestre s'est préparé à l'arrivée de sa femme dans sa chambre comme s'il était à la guerre.
3. Mme Ximenestre—le gendarme—était toujours sur le dos de son mari!
4. «Tout est bien qui finit bien».

V. SUJETS DE COMPOSITIONS, OU DISCUSSIONS:

1. M. Ximenestre, ayant gardé un peu d'argent, retourne au café jouer aux fléchettes. Il raconte le «miracle» à ses amis.
2. Le pauvre M. Ximenestre a succombé à la panique qui, quelquefois, entoure les fêtes de fin d'année, la «folie» des cadeaux. Qu'auriez-vous fait à sa place? Vous êtes-vous déjà trouvé dans une telle situation?

3. «La charité peut être une chose contagieuse», écrit l'auteur. Qu'en pensez-vous? Avez-vous été témoin d'une telle contagion? Donnez-en des exemples.

4. En quoi consiste l'humour du conte?

5. Jouez les deux scènes de retour de M. Ximenestre: après la fourrière, et après la messe de minuit.

Robert Desnos

Poèmes

ROBERT DESNOS

(1900-1945)

Robert Desnos, qui participa au mouvement Dada et au mouvement surréaliste, avait des dons certains de voyance. «Le Dernier Poème», dans lequel il évoque sa femme, Youki, est la dernière forme d'un autre poème paru en 1930 dans le recueil Corps et Biens et intitulé «Poème à la mystérieuse». En juin 1944, peu après la libération, Desnos, mourant, dans un camp de concentration, le récita à un étudiant tchèque, Joseph Stuna qui connaissait le poète et la poésie. «Le Dernier Poème» évoque sa femme, Youki, et atteste la qualité authentique du rêve.

«Le Pélican» et «Le Brochet» communiquent une autre sorte de rêve. Le doux et fraternel R. Desnos avait déjà écrit des albums, illustrés de sa main, pour les enfants d'une amie. C'est le genre de poésie à laquelle nous sommes tous sensibles, poètes ou non.

Le Dernier Poème

J'ai rêvé tellement fort de toi
J'ai tellement marché, tellement parlé,
Tellement aimé ton ombre,
Qu'il ne me reste plus rien de toi.

Il me reste d'être l'ombre parmi les ombres
D'être cent fois plus ombre que l'ombre
D'être l'ombre qui viendra et reviendra dans ta vie ensoleillée.

(1945)

QUESTIONS

1. Combien de parties y a-t-il dans ce poème?
2. Quel est l'effet de la répétition «tellement»?
3. Pourquoi le poète dit-il l'«ombre» en parlant de l'être aimé?
4. Expliquez «qu'il ne me reste plus rien de toi».
5. Quelle signification a le mot *ombre* dans la deuxième strophe?
6. Quelle est l'impression donnée par l'expression «qui viendra et reviendra».
7. Expliquez «ta vie ensoleillée».
8. Quelle conception de l'amour le poème présente-t-il?

101

Le Pélican

Le capitaine Jonathan
Étant âgé de dix-huit ans,
Capture un jour un pélican
Dans une île de l'Extrême-Orient.[1]

Le pélican de Jonathan
Au matin, pond un œuf tout blanc
Et il sort un pélican
Lui ressemblant étonnament.

Et ce deuxième pélican
Pond, à son tour, un œuf blanc
D'où sort, inévitablement,
Un autre qui en fait autant.[2]

Cela peut durer pendant très longtemps
Si l'on ne fait pas d'omelette avant.

Chantefables (1952)

QUESTIONS

1. Trouvez un titre à chaque partie du poème.
2. Comment l'auteur réussit-il à frapper l'imagination des enfants?
3. Quel est l'effet produit par l'utilisation du présent?
4. Quel rythme évoquent la rime unique du poème et la rime intérieure de la deuxième strophe?
5. Comment le poète revient-il à la réalité?

---

[1] Extrême-Orient *Far East*
[2] en fait autant *does the same*

Le Brochet [1]

Le brochet
Fait des projets.
J'irai voir, dit-il,
Le Gange et le Tibre[2]
Et le Yang-Tsé-Kiang[3]
J'irai, je suis libre
D'user[4] de mon temps.

Et la lune?
Iras-tu voir la lune?
Brochet voyageur
Brochet mauvais cœur,[5]
Brochet de fortune.

Chantefables (1952)

QUESTIONS

1. Combien y a-t-il de personnages?
2. Comment Desnos rend-il ce poème amusant?
3. Comment le poète se moque-t-il du brochet?
4. Expliquez: « brochet mauvais cœur ».
5. Résumez les qualités qui peuvent charmer les enfants dans les deux poèmes que vous venez de lire.

---

[1]brochet (*m.*) *pike*
[2]Le Gange, Le Tibre *the Ganges, the Tiber*
[3]Le Yang-Tse-Kiang *the Yangtze*
[4]user de *to make use* (*of*)
[5]mauvais cœur *naughty*

Georges Simenon

Monsieur Lundi

GEORGES SIMENON

(1903-   )

Journaliste, puis romancier, Georges Simenon commença la série de ses romans policiers en créant le personnage de l'inspecteur Maigret, le Sherlock Holmes français. En plus de quelque deux cents romans, il publia de nombreuses nouvelles.

Monsieur Lundi et Peine de Mort font partie de Les Nouvelles Enquêtes de Maigret (1944).. La minutie et la variété des détails, les éléments exotiques et psychologiques, le titre lui-même et enfin le trait final intrigueront le lecteur de Monsieur Lundi car le «suspense» y est constamment maintenu et l'intérêt renouvelé. Peine de Mort est plus caractéristique de la manière de Simenon et plus typiquement «Maigret» que Monsieur Lundi. Maigret, c'est le commissaire de la Police Judiciaire française qui déambule dans les rues de Paris, son éternel chapeau sur la tête et fumant son éternelle pipe. Dans la plupart des cas, il est aidé dans son travail par l'inspecteur Janvier et le brigadier Lucas. Madame Maigret également est souvent présente: c'est la bonne épouse bourgeoise qui se préoccupe du repas que le commissaire prendra froid, ou du rhume qu'il a contracté pendant une chasse à l'homme.

Maigret a une méthode bien à lui: très intuitif, patient, il observe, suit, attend, devine, tire ses conclusions. Il cherche toujours à comprendre le drame humain qu'il pressent dans la vie d'un suspect ou d'un criminel; ce qui l'intéresse, ce n'est pas de punir mais d'empêcher un être de nuire *davantage à la société.* Peine de Mort *et* Monsieur Lundi *sont, à cet égard, des exemples frappants.*

Quant au style de Simenon, quoique très fluide, il peut parfois présenter des obstacles: termes familiers, argotiques, ou de métier. De plus, l'auteur choisit souvent des images, des expressions dont le pittoresque et l'inattendu accentuent encore la qualité de vie et stimulent la curiosité du lecteur. La plupart des difficultés ont été éliminées, afin que l'étudiant puisse goûter l'imagination, la finesse de perception et le charme de G. Simenon.

107

Monsieur Lundi

Maigret resta un moment immobile devant la grille noire qui le séparait du jardin et dont la plaque d'émail[1] portait le nᵒ 47 *bis*.[2] Il était cinq heures du soir et l'obscurité était complète. Derrière lui coulait un bras maussade de la Seine où s'étirait l'île déserte de Puteaux,[3] avec ses terrains vagues,[4] ses taillis[5] et ses grands peupliers. 5

Devant lui, par contre, au-delà de la grille, c'était un petit hôtel[6] moderne de Neuilly,[7] c'était le quartier du bois de Boulogne, avec son élégance, son confort et, présentement, son tapis de feuilles d'automne.

Le 47 *bis* faisait l'angle[8] du boulevard de la Seine et de la rue 10 Maxime-Baès. Au premier étage, on voyait des pièces éclairées et Maigret, qui faisait le dos rond[9] sous la pluie, se décida à presser le timbre électrique.[10] C'est toujours gênant de troubler la vie d'une maison quiète, surtout par un soir d'hiver, quand elle est frileusement repliée sur elle-même,[11] toute pleine d'une chaleur intime, à plus forte 15 raison quand l'intrus vient du Quai des Orfèvres,[12] les poches gonflées d'horribles documents.

---

[1]plaque d'émail (*f.*) *enamelled plate*
[2]nᵒ 47 bis *no 47 A*
[3]Puteaux *a popular and industrial area in the suburbs of Paris, located in a loop of the Seine river*
[4]terrains vagues (*m.*) *waste ground*
[5]taillis (*m.*) *thickets*
[6]hôtel (*m.*) *mansion, town house*
[7]Neuilly *wealthy, residential section in the north of Paris*
[8]faisait l'angle *was at the corner*
[9]faisait le dos rond *was hunched over*
[10]timbre électrique (*m.*) *electric bell*
[11]frileusement repliée sur elle-même *cosily closed in*
[12]Quai des Orfèvres *Headquarters of the Judiciary Police*

Une lumière s'alluma au rez-de-chaussée, une porte s'ouvrit et un domestique, avant de traverser le jardin sous la pluie, essaya d'apercevoir le visiteur.

—Qu'est-ce que c'est? demanda-t-il à travers la grille.

5 —Le docteur Barion, s'il vous plaît? . . .

Le hall était élégant et Maigret, machinalement, avait poussé sa pipe dans sa poche.

—Qui dois-je annoncer?

—Vous êtes sans doute Martin Vignolet, le chauffeur? fit le com-
10 missaire, à la grande surprise de son interlocuteur.

En même temps, il glissait sa carte de visite[13] dans une enveloppe qu'il refermait. Vignolet était un homme de quarante-cinq à cinquante ans, aux os saillants, aux poils drus, dont l'origine campagnarde était évidente. Il monta au premier,[14] revint quelques instants
15 plus tard et Maigret dut passer derrière lui près d'une voiture d'enfant.

—Donnez-vous la peine d'entrer,[15] prononça le docteur Armand Barion en ouvrant la porte de son cabinet.[16]

Il avait les yeux cernés,[17] le teint pâle d'un homme qui n'a pas dormi depuis plusieurs jours. Maigret n'avait pas commencé de parler
20 qu'il percevait, venant du rez-de-chaussée, des voix d'enfants qui jouaient.

Le commissaire, avant d'entrer, connaissait la composition de la maisonnée. Le docteur Barion, phtisiologiste[18] et ancien interne de Laënnec,[19] n'était installé à Neuilly que depuis trois ans et, tout en
25 faisant[20] la clientèle, il poursuivait ses travaux de laboratoire. Marié, il avait trois enfants, un garçon de sept ans, une fille de cinq et le bébé de quelques mois dont la voiture avait été aperçue par le commissaire.

---

[13]carte de visite *calling card*
[14]au premier *american second floor*
[15]Donnez-vous la peine d'entrer *extremely polite form for: will you come in*
[16]cabinet (*m.*) *doctor's office, consulting room*
[17]les yeux cernés *rings under his eyes*
[18]phtisiologiste *lung doctor, specializing in tuberculosis treatment*
[19]Laënnec *Hospital named after Doctor Laënnec, a famous doctor who invented the method of auscultation*
[20]faisant *here: having*

La domesticité[21] se composait de Martin Vignolet, à la fois chauffeur et valet de chambre, de sa femme Eugénie, qui était cuisinière, et enfin, voilà trois semaines encore, d'une petite Bretonne[22] de dix-huit ans, Olga Boulanger.

—Je suppose, docteur, que vous n'ignorez pas la raison de ma visite. 5
A la suite de l'autopsie, les Boulanger, sur les conseils de leur avocat, ont confirmé leur plainte, se sont constitués partie civile,[23] et je suis chargé...

Par toute son attitude, il semblait s'excuser et ce n'était pas sans un sentiment de gêne, en effet, qu'il abordait cette affaire. 10

Trois semaines plus tôt, Olga Boulanger était morte d'une façon assez mystérieuse, mais le médecin de l'état civil[24] avait néanmoins délivré le permis d'inhumer.[25] Les parents étaient arrivés de Bretagne pour les obsèques, de vrais paysans de là-bas, durs et méfiants, et ils avaient appris, Dieu sait comment, que leur fille était enceinte de 15 quatre mois. Comment avaient-ils fait la connaissance de Barthet, un des plus fielleux[26] parmi les avocats?

Toujours est-il que,[27] sur ses conseils, ils avaient, une semaine plus tard, réclamé l'exhumation et l'autopsie.

—J'ai le rapport sur moi, soupira Maigret avec un geste vers sa 20 poche.

—Ce n'est pas la peine![28] Je suis d'autant plus au courant que j'ai obtenu[29] d'assister le médecin légiste.[30]

Il était calme, en dépit de sa fatigue et peut-être de sa fièvre. Vêtu de sa blouse de laboratoire,[31] le visage placé sous la lampe, il regar- 25 dait Maigret dans les yeux sans jamais détourner le regard.

—Inutile d'ajouter que je vous attendais, commissaire...

Sur son bureau, dans un cadre de métal, se trouvait une photogra-

---

[21]domesticité (f.) staff of servants
[22]Bretonne from Bretagne (Brittany)
[23]se sont constitués partie civile brought in a civil action
[24]le médecin de l'état civil the doctor attached to the public service of the Town Hall
[25]permis d'inhumer burial permit
[26]fielleux venomous
[27]toujours est-il que the fact remains that
[28]ce n'est pas la peine don't bother
[29]j'ai obtenu I gained permission
[30]médecin légiste (m.) medical expert at trials
[31]blouse de laboratoire (f.) lab coat

phie de sa femme, trente ans à peine, jolie et d'une fragilité distinguée.

—Puisque vous avez en poche le rapport du docteur Paul, vous n'ignorez pas que nous avons trouvé l'intestin de cette malheureuse
5 criblé[32] de minuscules perforations qui ont amené un rapide empoisonnement du sang. Vous savez aussi qu'après de minutieuses recherches, nous sommes parvenus à déterminer la cause de ces perforations, ce qui n'a pas été sans nous troubler, mon illustre confrère[33] et moi. Cela nous a troublés à tel point que nous avons éprouvé le besoin
10 d'appeler à la rescousse[34] un médecin colonial à qui nous devons le mot de l'énigme[35] . . .

Maigret hochait la tête[36] et Barion sembla deviner son désir, car il s'interrompit:

—Fumez, je vous en prie . . . Moi, qui soigne surtout des enfants, je
15 ne fume pas . . . Un cigare? . . . Non? . . . Je continue . . . Le système employé pour tuer ma domestique—car je ne doute pas qu'elle ait été tuée—est courant, paraît-il, en Malaisie[37] et aux Nouvelles-Hébrides[38] . . . Il s'agit de faire absorber à la victime une certaine quantité de ces fines barbes, dures comme des aiguilles,[39] qui garnis-
20 sent les épis,[40] entre autres les épis de seigle . . . Ces barbes restent dans l'intestin, dont elles percent peu à peu les parois, ce qui amène fatalement . . .

—Pardon! soupira Maigret. L'autopsie a confirmé aussi qu'Olga Boulanger était bien enceinte de quatre mois et demi. Lui connais-
25 siez-vous des fréquentations[41] qui . . .

—Non! Elle sortait peu, autant dire pas.[42] C'était une petite fille assez gauche, au visage piqué de taches de rousseur[43] . . .

---

[32]criblé de *riddled with*
[33]confrère (*m.*) *colleague*
[34]à la rescousse *to our rescue*
[35]le mot de l'énigme *the key to the mystery*
[36]hocher la tête *to nod*
[37]Malaisie *Malaysia*
[38]Nouvelles Hébrides *New Hebrides*
[39]aiguille (*f.*) *a needle*
[40]épis (*m.*) de seigle *ears of rye*
[41]fréquentations (*f. pl.*) *here: male acquaintances*
[42]autant dire pas *not at all, so to speak*
[43]piqué de taches de rousseur *studded with freckles*

Et il s'empressa de revenir à son sujet.

—Je vous avoue, commissaire, que depuis cette autopsie, qui a eu lieu voilà déjà dix jours, je ne me suis occupé que de cette affaire. Je n'en veux pas aux Boulanger, qui sont des gens simples et dont la plainte est évidemment dirigée contre moi. Ma situation n'en serait ₅ pas moins tragique si je n'arrivais pas à découvrir la vérité. Par bonheur,⁴⁴ j'y suis déjà arrivé en partie . . .

Maigret eut de la peine à cacher sa surprise. Il était venu pour procéder à une enquête⁴⁵ et voilà qu'il se trouvait, pour ainsi dire, en présence d'une enquête toute faite, en face d'un homme calme et ₁₀ net⁴⁶ qui lui faisait un véritable rapport.

—Nous sommes aujourd'hui quel jour? . . . Jeudi? . . . Eh bien, depuis lundi, commissaire, j'ai la preuve matérielle que ce n'est pas cette pauvre Olga qu'on a voulu faire mourir . . . Comment j'y suis arrivé? . . . De la façon la plus simple . . . Il fallait découvrir dans quel ₁₅ aliment notre femme de chambre avait pu avaler des brins⁴⁷ de seigle . . . Comme jamais elle n'aurait pensé à se tuer et surtout à se tuer de cette façon à la fois raffinée et extrêmement douloureuse, une intervention étrangère⁴⁸ était évidente . . .

—Vous ne croyez pas que votre chauffeur, Martin, peut avoir eu des ₂₀ rapports⁴⁹ avec elle?

—J'en suis même sûr, approuva le docteur Barion. Je l'ai questionné à ce sujet⁵⁰ et il a fini par avouer.

—Il n'a pas vécu aux colonies?

—En Algérie,⁵¹ seulement . . . Mais je puis vous assurer dès mainte- ₂₅ nant que vous faites fausse route⁵² . . . Patiemment, avec l'aide, tantôt de ma femme, tantôt de la cuisinière, j'ai dressé une liste de tous les aliments qui ont passé dans la maison ces derniers temps⁵³ et j'en ai

---

⁴⁴par bonheur *fortunately*
⁴⁵procéder à une enquête *to start an investigation*
⁴⁶net *clear*
⁴⁷brins (*m.*) *bits*
⁴⁸étrangère *from the outside*
⁴⁹avoir des rapports avec *to have an affair with*
⁵⁰à ce sujet *concerning this*
⁵¹Algérie *Algeria*
⁵²faire fausse route *to be on the wrong track*
⁵³ces derniers temps *lately*

même analysé quelques-uns. Lundi, alors que je désespérais d'arriver à un résultat et que j'étais dans ce cabinet, mon attention a été attirée par un bruit de pas sur le gravier[54] et j'ai aperçu un vieil homme qui se dirigeait familièrement[55] vers la cuisine ...

5 «C'était celui que nous appelons M. Lundi et que j'avais complètement oublié.

—M. Lundi? répéta Maigret avec un sourire amusé.

—C'est le nom que les enfants lui ont donné, car il vient tous les lundis. Un mendiant[56] à l'ancienne mode, j'allais dire un mendiant 10 d'avant-guerre, propre et digne, qui effectue chaque jour une tournée[57] différente. Ici, c'est le lundi ... Des traditions se sont créées peu à peu, entre autres celle de lui garder un repas complet, toujours le même d'ailleurs, car le lundi est pour nous le jour de la poule au riz, qu'il mange tranquillement à la cuisine ... Il amuse les enfants, qui 15 vont bavarder avec lui ... Voilà longtemps déjà, j'avais remarqué qu'il leur donnait à chacun un de ces gâteaux à la crème qu'on appelle des religieuses,[58] et je suis intervenu ...

Maigret, assis depuis trop longtemps, se leva et son interlocuteur poursuivit:

20 —Vous connaissez cette habitude des commerçants,[59] qui préfèrent donner de la marchandise aux pauvres que de l'argent ... Je me suis douté que ces religieuses venaient d'un pâtissier du quartier et que, vraisemblablement, c'étaient des gâteaux de la veille ... Pour ne pas peiner le bonhomme, je ne lui ai rien dit, mais j'ai défendu à mon 25 fils et à ma fille de manger ces gâteaux ...

—Que la femme de chambre mangeait à leur place?

—C'est probable.

—Et c'est dans ces gâteaux? ...

—Cette semaine, M. Lundi est venu comme d'habitude, avec ses 30 deux religieuses enveloppées dans un papier crème[60] ... Après son départ, j'ai examiné les pâtisseries que je vous soumettrai tout à

---

[54]gravier (m.) gravel
[55]familièrement as if he knew the way
[56]mendiant (m.) beggar
[57]tournée (f.) a round
[58]religieuse (f.) French pastry
[59]commerçant (m.) shop-keeper, merchant
[60]crème cream-coloured

l'heure et j'y ai découvert des barbes de seigle en quantité suffisante pour provoquer les troubles[61] qui ont amené la mort d'Olga . . . Comprenez-vous, maintenant? . . . Ce n'est pas cette pauvre fille qui était visée,[62] mais mes enfants . . .

On entendait toujours leurs voix à l'étage en dessous. Il faisait 5 calme et tiède, avec parfois le glissement chuintant d'une auto sur l'asphalte du quai.[63]

—Je n'en ai encore parlé à personne . . . Je vous attendais . . .

—Vous soupçonnez ce mendiant de? . . .

—M. Lundi? Jamais de la vie![64] D'ailleurs, je n'ai pas tout dit et la 10 suite suffira à mettre ce pauvre bonhomme hors de cause[65] . . . Hier, je suis allé à l'hôpital, puis j'ai rendu visite à quelques confrères . . . Je voulais savoir si, les derniers temps,[66] ils n'avaient enregistré[67] aucun cas analogue à celui d'Olga Boulanger . . .

La voix sèche,[68] il se passa la main sur le front. 15

—Or, j'ai acquis la quasi-certitude[69] que deux personnes au moins sont mortes de la même façon, l'une voilà près de deux mois, l'autre il y a seulement trois semaines . . .

—Elles avaient mangé des gâteaux?

—Je n'ai pas pu le savoir, les médecins s'étant fatalement trompés 20 sur la cause de la mort et n'ayant pas jugé nécessaire de provoquer[70] une enquête . . . Voilà, commissaire! . . . Je ne sais rien d'autre, mais j'en ai appris assez, comme vous voyez, pour être épouvanté . . . Il y a quelque part, dans Neuilly, un fou ou une folle qui, je ne sais comment, parvient à mettre de la mort dans des gâteaux . . . 25

—Vous me disiez tout à l'heure que c'étaient vos enfants qui étaient visés . . .

—Oui . . . J'en reste persuadé . . . Je comprends votre question.

---

[61]troubles (*m. pl.*) *disorders*
[62]visée *aimed at*
[63]le glissement chuintant d'une auto sur l'asphalte du quai *with the hissing sound of a car sliding on the asphalt of the bank (of the Seine)*
[64]jamais de la vie *out of the question*
[65]mettre hors de cause *to exonerate*
[66]les derniers temps *lately*
[67]enregistrer *to record*
[68]la voix sèche *his throat was parched (elliptic sentence)*
[69]j'ai acquis la quasi-certitude *I am almost certain*
[70]provoquer *to instigate*

Comment le meurtrier s'arrange-t-il[71] pour que ce soient précisément les gâteaux de M. Lundi qui . . .

—D'autant plus qu'il y a eu d'autres cas!

—Je sais . . . Je ne me l'explique pas[72] . . .

5 Il paraissait sincère et pourtant Maigret ne pouvait s'empêcher de l'observer à la dérobée.[73]

—Vous me permettez de vous poser une question personnelle?

—Je vous en prie . . .

—Excusez-moi si elle vous blesse. Les Boulanger vous accusent
10 d'avoir eu des rapports avec leur fille . . .

Le médecin baissa le tête et gronda:

—Je savais bien qu'on y viendrait[74] . . . Je ne veux pas vous mentir, commissaire . . . C'est vrai, bêtement vrai, car c'est arrivé bêtement, un dimanche que j'étais seul ici avec cette fille . . . Je donnerais tout au
15 monde pour que ma femme ne l'apprenne jamais, car elle en souffrirait trop . . . D'autre part, je puis vous jurer, foi[75] de médecin, qu'à ce moment Olga était déjà la maîtresse de mon chauffeur . . .

—Si bien que[76] l'enfant? . . .

—N'était pas de moi, je vous assure . . . Les dates ne correspondent
20 même pas! . . . Au surplus,[77] Olga était une bonne fille qui n'aurait jamais songé à me faire chanter[78] . . . Vous voyez que . . .

Maigret ne voulait pas lui donner le temps de se ressaisir.[79]

—Et vous ne connaissez personne qui . . . Attendez . . . Vous avez parlé tout à l'heure d'un fou ou d'une folle . . .

25 —En effet! Seulement, c'est impossible, matériellement impossible! M. Lundi ne passe jamais *chez elle* avant de venir ici! Quand il y va, ensuite, on le laisse à la rue et on lui jette des sous par la fenêtre . . .

—De qui parlez-vous?

—De Miss Wilfur . . . Vous allez voir qu'il y a une justice immanen-
30 te! . . . J'adore ma femme et pourtant j'ai deux secrets vis-à-vis d'elle

---

[71]s'arranger pour *to manage*
[72]je ne me l'explique pas *I can't figure it out*
[73]à la dérobée *on the sly, stealthily*
[74]qu'on y viendrait *that it would come to this*
[75]foi de *on my word*
[76]si bien que *so that*
[77]au surplus *besides*
[78]me faire chanter *to blackmail me*
[79]se ressaisir *to get hold of himself*

... Le premier, vous le connaissez déjà ... L'autre est encore plus ridicule ... S'il faisait jour,[80] vous verriez, au-delà de cette fenêtre, une maison habitée par une Anglaise de trente-huit ans, Laurence Wilfur, et sa mère, qui est impotente[81] ... Ce sont la fille et la femme de feu le colonel[82] Wilfur, de l'armée coloniale ... Il y a plus d'un an 5 de cela, quand les deux femmes sont revenues d'un long séjour dans le Midi, j'ai été appelé un soir au chevet de la demoiselle qui se plaignait de douleurs vagues ...

« J'ai été assez surpris, d'abord parce que je ne fais pas de médecine générale,[83] ensuite parce que je ne découvrais aucune maladie à ma 10 cliente ... J'ai été plus étonné encore d'apprendre, par la conversation, qu'elle connaissait tous mes faits et gestes,[84] voire mes moindres manies,[85] et je n'ai compris qu'en rentrant dans ce cabinet et en apercevant sa fenêtre ...

« J'abrège, commissaire ... Si absurde que cela paraisse, Miss Wil- 15 fur est amoureuse de moi comme on peut l'être à son âge, quand on vit seule avec une vieille femme dans une grande maison morne, hystériquement amoureuse ...

« Deux fois encore, je m'y suis laissé prendre ... Je suis allé chez elle et, comme je l'auscultais, elle a tout à coup saisi ma tête et collé ses 20 lèvres aux miennes ...

« Le lendemain, je recevais une lettre commençant par : *Mon chéri* ... Et, le plus troublant,[86] c'est que Miss Wilfur semble persuadée que nous sommes amants!

« Je puis vous affirmer le contraire. Depuis lors, je l'ai évitée. J'ai été 25 jusqu'à la mettre à la porte[87] de ce cabinet, où elle est venue me relancer[88] et, si je n'en ai pas parlé à ma femme, c'est à la fois par discrétion professionnelle et pour éviter une jalousie sans fondement[89] ...

---

[80]s'il faisait jour *if it was daylight*
[81]impotente *invalid*
[82]feu le colonel *the late colonel*
[83]je ne fais pas de médecine générale *I am not a general practician*
[84]faits et gestes (*m. pl.*) *doings*
[85]voire mes moindres manies *and even my most insignificant idiosyncrasies*
[86]le plus troublant *the most disturbing part*
[87]J'ai été jusqu'à la mettre à la porte *I went as far as throwing her out*
[88]me relancer *to badger me, importune me*
[89]sans fondement *groundless, unfounded*

« Je ne sais rien de plus . . . Je vous ai tout dit, comme j'étais décidé à le faire . . . Je n'accuse pas! . . . Je ne comprends pas! . . . Mais je donnerais dix ans de ma vie pour éviter que ma femme . . .

Maigret, maintenant, avait compris que son calme du début était
5 voulu, préparé, obtenu à grand renfort[90] de volonté et il voyait le jeune médecin, en fin de compte,[91] prêt à sangloter devant lui.

—Enquêtez à votre tour[92] . . . Je ne voudrais pas vous influencer . . .

Comme Maigret traversait le hall, une porte s'ouvrit et deux enfants, un garçonnet et une fillette plus petite, passèrent en courant et
10 en riant. Martin, derrière le commissaire, referma la grille.

Maigret, cette semaine-là, connut le quartier jusqu'à l'écœurement.[93] Avec une obstination pesante, il passait des heures entières à arpenter[94] le quai, malgré le temps qui restait pluvieux, malgré l'étonnement de certains domestiques qui l'avaient repéré[95] et qui se
15 demandaient si ce promeneur équivoque[96] ne préparait pas un vilain coup.[97]

À voir, du dehors, la maison du docteur Barion, on avait l'impression d'une oasis de paix, de travail et de propreté. Plusieurs fois, Maigret aperçut Mme Barion qui poussait elle-même, le long de la
20 berge,[98] la voiture du dernier-né. Un matin d'éclaircie,[99] il suivit du regard les jeux des deux aînés dans le jardin, où une escarpolette[1] était installée.

Quant à la Wilfur,[2] il ne la vit qu'une fois. Elle était grande, solidement charpentée[3] sans grâce aucune, affligée de grands pieds et
25 d'une démarche[4] masculine. Maigret la suivit à tout hasard[5] mais,

---

[90]à grand renfort (de) *by dint (of), with plenty (of)*
[91]en fin de compte *all told*
[92]Enquêtez à votre tour *I leave it to you to investigate*
[93]jusqu'à l'écœurement *ad nauseam*
[94]arpenter *to pace up and down*
[95]qui l'avaient repéré *who had spotted him*
[96]équivoque *shady, suspicious*
[97]ne préparait pas un vilain coup *was not up to a dirty trick*
[98]berge (*f.*) *bank*
[99]d'éclaircie *when the weather cleared up*
[1]escarpolette (*f.*) *swing*
[2]la Wilfur *derogatory the W. woman*
[3]solidement charpentée *strongly built, with a big frame*
[4]démarche (*f.*) *gait*
[5]à tout hasard *just in case, on the chance that*

dans une librairie anglaise du quartier, elle se contenta d'échanger[6] des livres qu'elle prenait par abonnement.

Alors, Maigret agrandit peu à peu le cercle de ses pérégrinations, alla jusqu'à l'avenue de Neuilly où il repéra deux pâtisseries. La première, étroite et sombre, à la façade peinte d'un vilain[7] jaune, se 5 serait assez bien harmonisée avec cette sinistre histoire de gâteaux dè la mort. Mais le commissaire chercha en vain à l'étalage,[8] se renseigna à l'intérieur: on n'y faisait pas de religieuses!

L'autre était la pâtisserie élégante du quartier, avec deux ou trois guéridons[9] de marbre où l'on pouvait prendre le thé: *Pâtisserie Bigo-* 10 *reau.* Tout y était clair, sucré, parfumé. Une jeune fille aux joues roses allait et venait gaiement tandis que la caisse était tenue par une dame très distinguée, en robe de soie noire.

Fallait-il croire? . . . Maigret ne se décidait pas à agir. À mesure que le temps passait, que sa conversation avec le docteur devenait plus 15 lointaine, les accusations de celui-ci, reprises en quelque sorte à la loupe,[10] laissaient voir leur fragilité. Au point qu'à certains moments le commissaire avait vraiment l'impression d'un cauchemar[11] ridicule, d'une histoire inventée de toutes pièces par un mégalomane[12] ou par un homme traqué[13]   20

Et pourtant le rapport du médecin légiste confirmait les dires[14] de Barion: la pauvre Olga, au visage orné de taches de son[15] était bien morte par suite de l'absorption de barbes de seigle!

Et les gâteaux du lundi suivant, les deux religieuses de ce fantomatique[16] M. Lundi, contenaient, elles aussi, glissées entre les deux 25 parties de pâte, un nombre considérable de ces barbes. Mais n'avait-on pas pu les y mettre après coup?[17]

---

[6]elle se contenta d'échanger *she merely exchanged*
[7]vilain *here: dirty*
[8]étalage (*m.*) *shop-window*
[9]guéridon (*m.*) *small round table*
[10]reprises en quelque sorte à la loupe *magnified in a way*
[11]cauchemar (*m.*) *nightmare*
[12]inventée de toutes pièces par un mégalomane *entirely made up by a megalomaniac*
[13]traqué *tracked down, run down*
[14]les dires *the statements*
[15]taches (*f.*) de son *freckles*
[16]fantomatique *ghostly, here: elusive*
[17]après coup *afterwards*

Pour comble,[18] si le père d'Olga, qui tenait une auberge dans son village du Finistère,[19] était retourné là-bas, sa femme, en grand deuil, se raccrochait[20] à Paris et passait des heures Quai des Orfèvres, dans l'antichambre,[21] à guetter Maigret pour avoir des nouvelles. Encore
5 une qui croyait la police toute-puissante! Pour un peu,[22] elle se fût fâchée et il fallait l'entendre prononcer, les traits durs, les lèvres tirées:[23]

—Quand est-ce que vous l'arrêtez?

Le docteur, évidemment! Qui sait si elle ne finirait pas par accuser
10 Maigret de quelque louche complicité?

Il décida pourtant d'attendre le lundi, et, ce faisant, il avait presque des remords, d'autant plus qu'il voyait chaque matin un vaste plateau de religieuses, vernies de crème au café,[24] à la vitrine de la pâtisserie Bigoreau.
15 Pouvait-il jurer qu'elles ne contenaient pas encore de la mort, que cette jeune fille qui en emportait précieusement trois, que ce garçon qui en dévorait une en revenant de l'école ne subiraient pas le sort d'Olga?

À une heure, déjà, le lundi, il était en faction[25] non loin de la
20 pâtisserie et à deux heures seulement il aperçut un vieillard qu'il reconnut sans l'avoir jamais vu. Les enfants ont un génie à eux.[26] C'était bien M. Lundi qui s'avançait à petits pas, quiet et philosophe, souriant à la vie, savourant les minutes, ramassant quasiment[27] leurs miettes.
25 D'un geste familier, il poussait la porte de la pâtisserie et Maigret, du dehors, était témoin de la bonne humeur de Mme et de Mlle

---

[18]pour comble *to top it all*
[19]Finistère *a department of Brittany*
[20]se raccrochait *was hanging on*
[21]antichambre (f.) *waiting-room*
[22]pour un peu *for two pins*
[23]il fallait l'entendre prononcer, les traits durs, les lèvres tirées *you should have heard her say, with a harsh expression and her lips pinched*
[24]vernies de crème au café *with a shiny coffee icing*
[25]en faction *at his post*
[26]ont un génie à eux *have a genius of their own*
[27]quasiment *as one might say*

Bigoreau, qui échangeaient des plaisanteries avec le vieux.

On était content de le voir, c'était certain! Sa misère n'était pas de celles qui attristent. Il leur racontait quelque chose qui les faisait rire et la jeune fille dodue[28] se rappelait enfin les rites du lundi, se penchait dans l'étalage, choisissait deux religieuses que, d'un geste professionnel, elle entortillait[29] de papier crème. ₅

M. Lundi, sans se presser, entrait chez le cordonnier d'à côté,[30] mais, là, il ne recevait qu'une piécette,[31] puis au tabac[32] du coin où on lui donnait un peu de tabac à priser.[33]

Rien d'imprévu dans ses journées, c'était flagrant. Et les gens du ₁₀ lundi, ceux du mardi, dans un autre quartier, ceux du mercredi ailleurs encore, pouvaient régler leur montre d'après son passage.[34]

Il ne tarda pas à atteindre le boulevard de la Seine et sa démarche devint plus sautillante[35] à mesure qu'il approchait de la maison du docteur. ₁₅

Celle-là, c'était la bonne maison. Celle où l'attendait un vrai repas, le même repas que les maîtres avaient fait un peu plus tôt, un repas assis devant une table, dans une cuisine nette et bien chauffée. Il entrait, en familier des lieux,[36] par la porte de service, et Maigret sonna à l'autre. ₂₀

—Je voudrais voir le docteur tout de suite, dit-il à Martin.

On le fit monter.

—Voulez-vous demander qu'on nous apporte immédiatement les deux religieuses? Le vieux est en bas ...

Le Père Lundi mangeait, sans se douter que dans le cabinet de ₂₅ consultation deux hommes se penchaient[37] sur le cadeau qu'il apportait aux gosses.

—Rien! conclut Barion après une étude attentive.

---

[28]dodue *plump*
[29]entortillait *wrapped with a twist*
[30]d'à côté *next door*
[31]piécette (*f.*) *small coin*
[32]au tabac: au bureau de tabac *tobacco shop*
[33]tabac à priser (*m.*) *snuff*
[34]régler leur montre d'après son passage *set their watch according to the time he was stopping by*
[35]sautillant *hopping*
[36]familier des lieux *as if he knew the place very well*
[37]se penchaient sur *were examining carefully*

Donc, il y avait des semaines où les gâteaux étaient chargés de mort et d'autres où ils étaient inoffensifs.

—Je vous remercie . . .

—Où allez-vous?

5 Trop tard! Maigret était déjà dans l'escalier.

—Entrez par ici, monsieur[38] . . .

La pauvre Mme Bigoreau était affolée à l'idée qu'une de ses clientes pourrait savoir qu'elle recevait un policier. Elle l'introduisait dans un petit salon bourgeois,[39] aux fenêtres garnies de vitraux,[40] qui faisait

10 suite[41] au magasin. Des tartes refroidissaient sur tous les meubles et même sur les bras des fauteuils.

—Je voudrais vous demander pourquoi vous donnez toujours deux religieuses, et non d'autres gâteaux, au vieux qui vient chaque lundi . . .

15 —C'est bien simple, monsieur . . . Au début, on lui donnait n'importe quoi, des gâteaux défraîchis[42] pour la plupart, ou des gâteaux de la veille . . . Deux ou trois fois, le hasard a voulu que ce soient des religieuses, qui sont assez fragiles[43] . . . Puis on lui a donné autre chose et je me souviens que, cette fois-là, il a voulu acheter quand même

20 deux religieuses . . .

«—Elles me portent chance,[44] a-t-il déclaré.

«Alors, comme c'est un bon vieux, nous avons pris l'habitude . . .

Une autre question . . . Avez-vous une cliente du nom de Miss Wilfur? . . .

25 —Oui . . . Pourquoi me demandez-vous cela?

—Pour rien . . . C'est une charmante personne, n'est-ce pas?

—Vous trouvez?

Et le ton de ce «*vous trouvez*» encouragea Maigret à assurer:

—Je veux dire que c'est une originale[45] . .

---

[38]Entrez par ici, monsieur *come this way, Sir (Maigret is now at Mme Bigoreau's)*
[39]un petit salon bourgeois *a middle class living room*
[40]vitraux *(m. pl.) stained glass windows*
[41]qui faisait suite *next to*
[42]défraîchis *which do not look fresh enough*
[43]qui sont assez fragiles *which do not keep well*
[44]elles me portent chance *they bring me luck*
[45]originale *(f.) an eccentric woman, an odd-ball*

—Ça oui! Une originale, comme vous dites, qui ne sait jamais ce qu'elle veut! S'il y avait beaucoup de clientes comme elle, il faudrait doubler le personnel ...

—Elle vient souvent?

—Jamais! ... Je crois bien que je ne l'ai jamais vue ... Mais elle 5 téléphone, moitié en français, moitié en anglais, si bien qu'il y a sans cesse des erreurs ... Asseyez-vous donc, monsieur ... Je vous demande pardon de vous laisser debout ...

—J'ai fini. . C'est moi qui vous demande pardon, madame, de vous avoir dérangée. 10

Trois bouts de phrases,[46] qui suffisaient à tout expliquer, bourdonnaient[47] dans la tête de Maigret. La pâtissière n'avait-elle pas dit, en parlant de la Wilfur:

«—*Une originale, qui ne sait jamais ce qu'elle veut* ...»

Puis: 15

«—*S'il y avait beaucoup de clientes comme elle, il faudrait doubler le personnel* ...»

Or, l'instant d'après,[48] la même pâtissière avouait qu' «*elle n'avait jamais vu cette personne,* mais que celle-ci téléphonait, *moitié en français, moitié en anglais*». 20

Maigret n'avait pas voulu insister. Il serait temps quand on en serait aux interrogatoires officiels, ailleurs que dans cette pâtisserie douceâtre.[49] Sans compter que[50] Mme Bigoreau pourrait bien retrouver son orgueil de commerçante et se taire, plutôt que d'avouer qu'elle acceptait *des rendus.*[51] 25

Car c'était cela! Les phrases qu'elle avait prononcées ne pouvaient signifier autre chose! L'Anglaise commandait par téléphone, moitié français, moitié dans sa langue. Puis elle renvoyait ce qu'on lui avait livré en prétendant qu'il y avait eu erreur ...

---

[46]trois bouts de phrase *snatches of a few sentences*
[47]bourdonner *to buzz, to hum*
[48]l'instant d'après *a few minutes later*
[49]douceâtre *sweetish*
[50]sans compter que *not to mention that*
[51]des rendus *pastries that were returned*

Elle renvoyait les religieuses! ... Les religieuses dans lesquelles elle avait eu le temps, tandis que le porteur[52] attendait à l'office,[53] de glisser des barbes de seigle! ...

Maigret marchait, les mains au fond des poches, vers la maison du
5 docteur Barion et, comme il atteignait la grille, il heurta presque M. Lundi qui en sortait.

—Alors, vous avez apporté vos deux religieuses? lança-t-il gaiement.

Et, comme le vieux restait interloqué:[54]

—Je suis un ami de Barion ... Il paraît que chaque lundi vous
10 apportez des gâteaux aux enfants ... Par exemple,[55] je me demande pourquoi ce sont toujours des religieuses ...

—Vous ne savez pas? ... C'est pourtant bien simple! ... Une fois qu'on m'en avait donné, je les avais avec moi et les enfants les ont vues ... Ils m'ont avoué que c'est leur pâtisserie préférée ... Alors, vu
15 que[56] ce sont de braves gens comme on n'en trouve plus, qui me font manger comme eux, avec dessert, café et tout, vous comprenez? ...

Quand, le lendemain, un mandat d'arrêt[57] en poche, Maigret se présenta pour arrêter Miss Laurence Wilfur, elle le prit de très haut,[58] menaça de faire intervenir son ambassadeur, puis se défendit
20 pied à pied,[59] avec un sang-froid[60] remarquable.

—Sang-froid qui est une preuve de plus de sa folie! dit le psychiatre chargé de l'examiner.

Tout comme[61] ses mensonges, d'ailleurs! Car elle prétendit être depuis longtemps la maîtresse du docteur et même être enceinte de ses
25 œuvres.[62]

Or, l'examen médical prouvait qu'elle était vierge. La visite minu-

---

[52]porteur (m.) delivery boy
[53]office (m.) pantry
[54]interloqué disconcerted
[55]par exemple indeed
[56]vu que since
[57]mandat d'arrêt (m.) warrant
[58]de très haut very haughtily, with arrogance
[59]pied à pied step by step
[60]sang-froid (m.) self-control
[61]tout comme just like
[62]enceinte de ses œuvres in child by him

tieuse de la maison fit découvrir, par ailleurs,[63] un grand nombre d'épis de seigle cachés dans un secrétaire.[64]

Enfin on apprit, par sa mère, que le colonel Wilfur était mort aux Nouvelles-Hébrides de multiples perforations intestinales provoquées par les manœuvres des indigènes.[65]

Maigret revit Martin pour l'interrogatoire définitif.

—Qu'est-ce que tu aurais fait du gosse? questionna-t-il.

—J'aurais filé[66] avec Olga et on aurait ouvert un bistrot à la campagne ...

—Et ta femme?

Il se contenta de hausser les épaules.[67]

Miss Laurence Wilfur, amoureuse du docteur Barion jusqu'à[68] vouloir tuer par dépit les enfants de celui-ci, jusqu'à guetter ses moindres faits et gestes, jusqu'à empoisonner les gâteaux d'un pâtissier dans sa volonté farouche d'atteindre son but, Miss Laurence Wilfur qui avait eu l'idée quasi géniale de se servir à son insu[69] de l'innocent M. Lundi, a été internée, pour la vie, dans une maison de santé.

Et là, depuis deux ans, elle annonce à ses compagnes qu'elle va mettre un fils au monde![70]

---

[63]par ailleurs *besides*
[64]secrétaire (*m.*) *writing desk*
[65]indigènes *natives*
[66]j'aurais filé *I would have run away*
[67]il se contenta de hausser les épaules *he merely shrugged*
[68]jusqu'à *to the extent of*
[69]à son insu *without his knowing*
[70]mettre au monde *to give birth to*

Exercices

Première Partie (p. 108 à p. 113 «vers la cuisine»): <u>L'histoire du docteur (I)</u>

I. VOCABULAIRE

A. *Trouvez le mot ou l'expression qui correspond aux définitions suivantes:*
1. La demeure citadine d'un riche particulier
2. Une personne qui s'introduit quelque part sans être invitée
3. C'est ce qui correspond au premier étage américain
4. S'occuper de rétablir la santé de quelqu'un
5. Avoir de la difficulté à
6. Celles de Sherlock Holmes sont très minutieuses

B. *Dites d'une autre façon:*
1. *Il faisait nuit noire.*
2. Le commissaire *était embarrassé* en présence du docteur.
3. Le médecin *portait* sa blouse de laboratoire.
4. Ils ont consulté un *docteur qui soigne les maladies tropicales.*
5. Olga *attendait un bébé.*
6. L'histoire *se passe* à Paris.
7. Il *n'avait pas de ressentiment contre les* Boulanger.
8. Vous *n'êtes pas dans la bonne direction.*

C. *Complétez par le mot ou l'expression qui convient:*
1. Les Boulanger étaient venus à Paris pour les _____ de leur fille.
2. La femme de chambre est morte d'un _____.
3. Le docteur a assisté son _____, le docteur Paul, dans l'autopsie.
4. Ce sont les barbes des _____ de seigle qui _____ l'intestin d'Olga.
5. Le docteur Barion croit avoir la _____ que ce n'était pas Olga qu'on voulait tuer.
6. Barion assure à Maigret qu'Olga n'aurait jamais eu l'idée de _____.
7. Martin _____ au docteur qu'il avait eu des rapports avec Olga.
8. Le docteur est convaincu que ce n'est pas son chauffeur qui _____ Olga.

D. *Racontez l'histoire d'Olga en utilisant le vocabulaire suivant (rétablissez l'ordre chronologique):*
autopsie   paysans   enceinte   perforations   femme de chambre   avocat   percer   gauche   porter plainte contre   avaler   amant   taches de rousseur

II. QUESTIONS

1. Où se trouve Maigret au début de l'histoire?
2. Quelle impression avons-nous du quartier et de la maison devant laquelle il se trouve?
3. Pourquoi Maigret hésite-t-il à sonner?
4. Qui lui ouvre la porte? Que savez-vous de cet homme (âge, emploi, physique)?
5. Faites un portrait du médecin. (profession, famille, train de vie)
6. Qui était Olga Boulanger?
7. Pourquoi Maigret se trouve-t-il chez le docteur? Quelle est son attitude?
8. Dans quelles conditions Olga était-elle morte?
9. Quelle sorte de gens sont les Boulanger? Qu'avaient-ils exigé?
10. Pourquoi le docteur n'a-t-il pas besoin de lire le rapport? Quelle est son attitude maintenant?
11. Décrivez sa femme, d'après la photo.
12. De quoi Olga était-elle morte, d'après l'autopsie?
13. À qui les deux médecins ont-ils eu recours? Pourquoi?
14. Par quel système a-t-on tué la domestique? Où le pratique-t-on?
15. Qu'est-ce qui trouble aussi Maigret?
16. Faites un portrait d'Olga.
17. Expliquez la surprise de Maigret.
18. Qu'est-ce que le docteur a découvert?
19. Pourquoi Maigret soupçonne-t-il Martin?
20. Qu'a fait le docteur depuis l'autopsie? Que s'est-il passé lundi?

III. VRAI OU FAUX?

Certaines de ces affirmations sont inexactes; corrigez-les:
1. L'histoire se passe en automne.
2. Le cabinet du docteur se trouvait au premier étage.
3. Le docteur avait bonne mine.
4. C'est le médecin légiste qui avait conseillé aux Boulanger de faire faire l'autopsie.

5. Le docteur a été très surpris de la visite de Maigret.
6. Les obsèques d'Olga avaient eu lieu en Bretagne.
7. Les docteurs Barion et Paul ont découvert immédiatement la cause des perforations.
8. Le docteur fumait un cigare pendant que Maigret fumait sa pipe.
9. Olga sortait beaucoup.
10. Maigret soupçonnait Martin parce qu'il avait vécu aux colonies.

Deuxième Partie (p. 113 à p. 117 «referma la grille»)· L'histoire du docteur (II)

I. VOCABULAIRE

A. *Trouvez le mot qui correspond aux définitions suivantes:*
1. Il vit de la charité des autres
2. Le jour précédent
3. Celui ou celle qui a perdu la raison
4. Personne qui a tué quelqu'un
5. Le Sud de la France
6. Petites habitudes quelquefois bizarres

B. *Dites d'une autre façon:*
1. Maigret demande au docteur s'il *pense que M. Lundi est coupable.*
2. Le docteur *est allé voir* ses confrères.
3. Je ne *me l'explique* pas.
4. *Il était impossible pour Maigret de ne pas* observer le docteur.
5. Maigret *ne regardait pas le docteur en face.*
6. Miss Wilfur *savait tout ce que faisait* le docteur.
7. Miss Wilfur et sa mère *sont restées longtemps* dans le Midi.
8. Il *ne recherche pas la compagnie de* cette femme.

C. *Racontez l'enquête du docteur en utilisant le vocabulaire suivant:*
défendre   examiner   visé   hôpital   au moins   épouvanté
avoir des rapports avec   secret   souffrir   un dimanche   faire
chanter   au chevet de   ausculter   lettre   éviter   se laisser
prendre   mettre à la porte

D. *Faites des phrases qui illustrent la différence entre:*
pleurer/sangloter   regarder/examiner   visiter/rendre visite à
parler/bavarder   plaindre/se plaindre   tromper/se tromper

II. QUESTIONS

1. Décrivez M. Lundi. Expliquez son surnom. Que se passe-t-il tous les lundis?
2. Quels sont ses rapports avec les enfants? Que leur donnait-il? Comment se les procurait-il?
3. Expliquez pourquoi la femme de chambre finissait par manger les gâteaux.
4. Quelles conclusions le docteur a-t-il tirées de l'analyse des religieuses?
5. Comment a-t-il poursuivi son enquête? Qu'a-t-il appris? Qu'ignore-t-il encore?
6. Pourquoi est-il épouvanté? Qu'est-ce qu'il ne comprend pas?
7. De quelle façon Maigret essaie-t-il de faire perdre son sang-froid au docteur?
8. Qui est Miss Wilfur?
9. Comment le docteur a-t-il fait sa connaissance?
10. Que révèle-t-il à Maigret au sujet de Miss Wilfur?
11. Comment connaît-elle tous les faits et gestes du docteur?
12. De quelle façon explique-t-il la passion de Miss Wilfur?
13. Pourquoi a-t-il caché cette histoire à sa femme?
14. Quelle transformation s'est produite chez le docteur depuis l'arrivée de Maigret?

III. VRAI OU FAUX?

Certaines de ces affirmations sont inexactes; corrigez-les:
1. Tous les lundis, les Barion mangeaient de la poule au riz.
2. Chaque lundi, M. Lundi apportait des gâteaux qu'il avait achetés chez le pâtissier.
3. Le docteur soupçonne M. Lundi d'avoir voulu empoisonner ses enfants.
4. Après avoir découvert les barbes de seigle, le docteur est allé trouver la police.
5. Le docteur ne dit pas tout à sa femme.
6. Olga faisait chanter le docteur.
7. M. Lundi s'arrête toujours chez Miss Wilfur avant de venir chez le docteur.
8. Le père et la mère de Miss Wilfur sont morts.
9. Le docteur avait soigné Miss Wilfur pour une maladie contractée aux colonies.
10. Le docteur n'a pas revu Miss Wilfur après sa première visite.

Troisième Partie (p. 117 à la fin): L'enquête de Maigret

I. VOCABULAIRE

A. *Expliquez les mots suivants par:*

DES SYNONYMES:
1. surprise (*f.*) 2. étalage (*m.*) 3. équivoque 4. se presser 5. se douter 6. bonnes personnes

DES CONTRAIRES:
1. ensoleillé 2. le dernier-né 3. à l'intérieur 4. égayer 5. inoffensif 6. calme

B. *Dites d'une autre façon:*
1. Un matin *où la pluie s'était un peu arrêtée*, il a vu jouer les enfants.
2. Il a fait *un rêve angoissant.*
3. M. Lundi *connaissait bien la maison et la cuisine.*
4. *L'attitude de Miss Wilfur a été très arrogante* quand Maigret osa venir chez elle.
5. Elle *n'a perdu ni son calme ni le contrôle d'elle-même.*
6. *Sans le savoir*, M. Lundi était la victime de Miss Wilfur.

C. *Complétez par le mot ou l'expression qui convient:*
1. M. Lundi avait une _____ sautillante, celle de Miss Wilfur était masculine.
2 Le père d'Olga _____ une auberge en Bretagne.
3. Maigret était rempli de _____ en voyant l'enfant dévorer une religieuse.
4. Les religieuses étaient le _____ hebdomadaire de M. Lundi aux enfants.
5. Mme Bigoreau s'excuse de laisser le commissaire _____ et celui-ci s'excuse de l'avoir _____.
6. Trois petits _____ ont aidé Maigret à résoudre le crime.
7. Quand Maigret est venu _____ Miss Wilfur, celle-ci a menacé d'appeler son ambassadeur.
8. Miss Wilfur avait caché les épis de seigle dans _____.
9. Martin a simplement _____ lorsque Maigret l'a interrogé sur sa femme.
10. Miss Wilfur était si _____ du docteur qu'elle n'avait pas hésité à _____ les gâteaux.

129

D. *Faites des phrases qui illustrent la différence entre:*
vitrine/façade librairie/bibliothèque arrêter/s'arrêter interrogation/interrogatoire auberge/hôtel pâtisserie/pâtissière cliente/clientèle prétendre/faire semblant

E. *Trouvez en quoi consiste le métier ou la profession de:*
Exemple: la profession de professeur consiste à enseigner
chauffeur avocat bonne cordonnier cuisinière commissaire de police docteur femme de chambre pâtissière libraire

II. QUESTIONS

1. Comment Maigret passait-il ses journées maintenant et quelle était la réaction des domestiques?
2. Décrivez Miss Wilfur.
3. Quel est l'aspect de la première pâtisserie? Pourquoi Maigret y est-il entré?
4. Décrivez la deuxième pâtisserie et son personnel.
5. Qu'est-ce qui tourmente encore Maigret?
6. Quelle était l'attitude de la mère d'Olga? Pourquoi?
7. Expliquez les remords de Maigret en regardant la vitrine.
8. Décrivez la routine de M. Lundi (sa visite aux trois commerçants).
9. Pourquoi était-ce «la bonne maison» pour le mendiant?
10. Qu'a fait Maigret quand M. Lundi est entré chez le docteur? Qu'ont-ils trouvé dans les religieuses? Qu'est-ce que Maigret en a déduit?
11. Pourquoi Mme Bigoreau était-elle affolée?
12. Décrivez le salon des Bigoreau.
13. Pourquoi donne-t-on toujours des religieuses à M. Lundi?
14. Après sa conversation avec Mme Bigoreau, quelles conclusions importantes Maigret tire-t-il des remarques de cette dernière?
15. Pourquoi M. Lundi apportait-il toujours des religieuses aux enfants?
16. Décrivez la réaction de Miss Wilfur quand on l'a arrêtée.
17. Comment le père de Miss Wilfur était-il mort?
18. Citez toutes les preuves de la folie de Miss Wilfur.

III. VRAI OU FAUX?

Certaines de ces affirmations sont inexactes; corrigez-les:

1. Maigret a aperçu Mme Barion qui promenait son bébé.
2. Maigret a suivi Miss Wilfur dans la pâtisserie du quai.
3. Les parents d'Olga étaient rentrés chez eux.
4. Le temps est resté pluvieux pendant une semaine.
5. Miss Wilfur est une cliente qui n'est pas difficile.
6. La tactique de Miss Wilfur était géniale.
7. Par politesse, Mme Barion a reçu Maigret dans son salon et non dans le magasin.
8. Le cordonnier était généreux.
9. Mme Bigoreau a dit à Maigret qu'elle avait souvent vu Miss Wilfur dans son magasin.
10. Miss Wilfur ne parle pas bien français.
11. On a trouvé de nombreux épis de seigle dans un secrétaire.
12. Martin avait l'intention de quitter sa femme pour Olga.
13. Miss Wilfur vient de mettre un fils au monde.

IV. JUSTIFICATIONS

À l'aide de faits tirés du texte, justifiez les déclarations suivantes:

1. Le docteur a tout pour être heureux.
2. Certaines choses rendent le docteur suspect.
3. Il existe de nombreuses preuves de la folie de Miss Wilfur.
4. Maigret est un policier poli et patient.
5. M. Lundi est un brave homme, victime innocente de Miss Wilfur.

V. SUJETS DE COMPOSITIONS OU DISCUSSIONS

1. Imaginez la journée du lundi de M. Lundi, en ajoutant à ce que vous en savez.
2. Les parents d'Olga racontent l'histoire de leur fille.
3. Faites le portrait complet de Miss Wilfur. (son histoire, sa vie)
4. Quel personnage vous intrigue le plus dans ce conte? Justifiez votre point de vue.

Georges Simenon

Peine de mort

Peine de mort [1]

Le plus grand danger, dans ce genre d'affaires, c'est de se laisser écœurer. La *planque*,[2] comme on dit, durait déjà depuis douze jours; l'inspecteur Janvier et le brigadier Lucas se relayaient avec une patience inlassable, mais Maigret en avait pris une bonne centaine d'heures à son compte[3] car lui seul, en somme, savait peut-être où il voulait en venir.[4] 5

Ce matin-là, Lucas lui avait téléphoné du boulevard des Batignolles:[5]

—Les oiseaux[6] m'ont l'air de vouloir s'envoler ... La femme de chambre vient de me dire qu'ils bouclent leurs valises ... 10

À huit heures, Maigret était en faction[7] dans un taxi, non loin de l'hôtel Beauséjour, une valise à ses pieds.

Il pleuvait. C'était dimanche. À huit heures un quart, le couple sortait de l'hôtel avec trois valises et hélait un taxi. À huit heures et demie, celui-ci s'arrêtait devant une brasserie[8] de la gare du Nord,[9] fa- 15 ce à la grosse horloge. Maigret descendait, lui aussi, de sa voiture et,

---

[1]Peine de mort (f.) *death sentence*
[2]planque (f.) *tailing*
[3]une bonne centaine d'heures à son compte *some one hundred hours to his credit*
[4]où il voulait en venir *where he was headed for*
[5]Boulevard des Batignolles *a boulevard in the northwest of Paris- populous section*
[6]les oiseaux *the birds (slang) here: the couple*
[7]en faction *at his post*
[8]brasserie (f.) *brewery, beer-hall, also restaurant in 20th century*
[9]Gare du Nord *railroad station in the north of Paris; trains going to the North of France, Belgium, the Netherlands and part of Germany, leave from that station; here the expression used by Simenon refers to the district near the station*

sans se cacher le moins du monde,[10] s'asseyait, à la terrasse, au guéri-
don[11] voisin de ses «oiseaux».

Non seulement il tombait du crachin,[12] mais il faisait froid. Le
couple s'était installé près d'un brasero.[13] Quand il aperçut le commis-
5 saire, l'homme, malgré lui, eut un mouvement de la main vers son
chapeau melon[14] cependant que sa compagne serrait davantage
contre elle son manteau de fourrure.

—Un grog,[15]garçon!

Les autres aussi prenaient un grog et les passants les frôlaient, le
10 garçon allait et venait, la vie d'un dimanche matin autour d'une
grande gare continuait comme si la tête d'un homme n'eût pas été en
jeu.[16]

L'aiguille,[17] de son côté, avançait par saccades[18] sur le cadran de
l'horloge et, à neuf heures, le couple se leva, se dirigea vers un guichet.

15 —Deux secondes «aller» Bruxelles[19] . . .

—Seconde simple Bruxelles, fit Maigret, comme un écho.

Puis les quais encombrés, le rapide[20] où il fallait trouver de la place,
un compartiment, tout au bout, près de la machine[21] où le couple se
hissa[22] enfin et où le commissaire posa sa valise dans le filet.[23] Des
20 gens s'embrassaient. Le jeune homme en chapeau melon descendit
pour acheter des journaux, revint avec un paquet d'hebdomadaires et
d'illustrés.

C'était le rapide de Berlin. Il y avait foule. On parlait toutes les
langues. Le train parti, le jeune homme, sans retirer ses gants, com-
25 mença à lire un journal tandis que sa compagne, qui semblait avoir

---

[10]le moins du monde *in the least*
[11]guéridon (*m.*) *small round café table*
[12]il tombait du crachin *a fine drizzle was falling*
[13]brasero (*m.*) *brazier. In the winter, Parisians can still sit at the terrasse of a café, since these terraces are enclosed and heated with braziers*
[14]chapeau melon (*m.*) *bowler (hat)*
[15]grog (*m.*) *hot drink made with rum, lemon, sugar and boiling hot water*
[16]en jeu *at stake*
[17]aiguille (*f.*) *the hand of the clock*
[18]par saccades *jerkily*
[19]Deux secondes aller Bruxelles *2 one way tickets, second class to Brussels. Until a few years ago, there were three classes in the French trains, there are now two.*
[20]rapide (*m.*) *express train*
[21]machine (*f.*) *engine*
[22]se hissa *they hoisted themselves up (French trains have a very steep footboard)*
[23]filet (*m.*) *luggage rack*

froid, posait d'un geste instinctif sa main sur celle de son compagnon.

—Il y a un wagon-restaurant?[24] demanda quelqu'un.

—Après la frontière, je crois! répondit une autre personne.

—On s'arrête à la douane?[25]

—Non. La visite a lieu dans le train, à partir de Saint-Quentin[26]...

La banlieue, puis des bois à perte de vue,[27] puis Compiègne[26] où on ne marqua qu'un temps d'arrêt.[28] Le jeune homme, de temps en temps, levait les yeux de son journal et son regard glissait[29] sur le visage placide de Maigret.

Il était fatigué, c'était certain. Maigret, qui avait les mêmes coups d'œil furtifs, le trouvait plus pâle que les autres jours, encore plus nerveux, plus crispé, et il aurait juré que son compagnon aurait été incapable de dire ce qu'il lisait depuis une heure.

—Tu n'as pas faim? questionna la jeune femme.

—Non ...

On fumait des cigarettes et des pipes. Il faisait sombre. Des villages laissaient voir[30] des rues mouillées et vides, des églises où se chantait peut-être la grand-messe.[31]

Et Maigret n'essayait même plus de reprendre les faits un à un, justement par crainte de l'écœurement, car depuis deux semaines et demie il ne pensait qu'à cette affaire.

Le jeune homme, en face de lui, était vêtu sobrement, plutôt comme un Anglais que comme un Parisien: complet gris fer,[32] pardessus gris à boutons non apparents,[33] chapeau melon et, pour compléter l'ensemble, un parapluie qu'il avait posé dans le filet inférieur.[34]

Si son nom eût été prononcé dans le compartiment, tout le monde

---

[24]wagon-restaurant (*m.*) *dining-car*
[25]douane (*f.*) *customs*
[26]Saint-Quentin, Compiègne *towns in the North of France*
[27]à perte de vue *as far as the eye can see*
[28]où on ne marqua qu'un temps d'arrêt *where there was a brief stop*
[29]son regard glissait *he was glancing at*
[30]laissaient voir *revealed*
[31]grand-messe (*f.*) *High Mass*
[32]gris fer *steel grey*
[33]à boutons non apparents *with self concealing buttons*
[34]inférieur *lower*

eût tressailli, car, parmi les journaux épars sur les genoux, la moitié pour le moins parlaient encore de lui.

Un beau nom: Jehan d'Oulmont. Une excellente famille belge, plusieurs fois représentée dans l'Histoire.

5   Jehan d'Oulmont était blond; il avait les traits assez fins mais la peau trop sensible, vite rougissante, et les traits facilement agités par des tics nerveux.

Par deux fois Maigret l'avait eu en face de lui, dans son bureau de la Police Judiciaire et, par deux fois,[35] des heures durant,[36] il avait en
10 vain essayé de faire fléchir le jeune homme.

—Vous admettez que depuis deux ans vous faites le désespoir de votre famille?

—Cela regarde[37] ma famille!

—Après avoir commencé vos études de Droit, vous avez été mis à la
15 porte[38] de l'Université de Louvain[39] pour mauvaise conduite notoire.

—Je vivais avec une femme . . .

—Pardon! Avec une femme qu'un négociant anversois[40] entretenait[41] . . .

—Le détail n'a pas d'importance!

20   —Maudit par votre famille, vous êtes venu à Paris . . . On vous a vu surtout sur les champs de courses[42] et dans les établissements de nuit[43] . . . Vous vous faisiez appeler[44] le comte d'Oulmont, titre auquel vous n'avez pas droit . . .

—Il y a des gens à qui ça fait plaisir . . .

25   Toujours le même sang-froid,[45] en dépit d'une pâleur maladive.

—Vous avez fait la connaissance de Sonia Lipchitz et vous n'ignoriez rien de son passé . . .

—Je ne me permets pas de juger le passé d'une femme . . .

---

[35]par deux fois *twice*
[36]des heures durant *for hours and hours*
[37]regarder *to concern*
[38]vous avez été mis à la porte *you were expelled*
[39]Université de Louvain *famous Belgian university*
[40]anversois *from Anvers (Anthwerp)*
[41]entretenir *to keep*
[42]champs de courses (*m.*) *racetracks*
[43]établissements de nuit *night spots*
[44]vous vous faisiez appeler *you had yourself called*
[45]sang-froid (*m.*) *self-control*

—À vingt-trois ans, Sonia Lipchitz a déjà eu de nombreux protec-
teurs . . . Le dernier lui a laissé une certaine fortune qu'elle a dilapi-
dée en moins de deux ans . . .

—Ce qui prouve que je ne suis pas intéressé,[46] car, dans ce cas, je
serais arrivé trop tard . . .   5

—Vous n'ignorez pas que votre oncle, le comte Adalbert d'Oulmont—on a,dans votre famille, le goût des prénoms originaux—vous
n'ignorez pas, dis-je, qu'il descendait[47] chaque mois à Paris pour
quelques jours, à l'hôtel du Louvre[48] . . .

—Pour s'y venger de la vie austère qu'il se croit obligé de mener à 10
Bruxelles . . .

—Soit![49] . . . Votre oncle, vieil habitué de l'hôtel, réservait toujours
le même appartement, le 318 . . . Chaque matin, il montait à cheval,
au Bois,[50] déjeunait ensuite dans un cabaret à la mode puis s'enfer-
mait dans son appartement jusqu'à cinq heures . . .   15

—Il devait avoir besoin de repos! répliquait cyniquement le jeune
homme. À son âge! . . .

—À cinq heures il faisait monter coiffeur[51] et manucure et . . .

—Et il fréquentait ensuite, jusqu'à deux heures du matin, les
endroits où l'on rencontre de jolies femmes . . .   20

—Exact encore . . .

Car si le comte d'Oulmont, à certaine époque de sa vie, avait été un
diplomate distingué, force était[52] d'admettre qu'avec l'âge il s'était
identifié[53] peu à peu aux vieux beaux[54] du répertoire[55] et qu'il ne lui
manquait même pas la perruque.   25

—Votre oncle était riche . . .

—On me l'a toujours dit . . .

—Il vous a aidé à plusieurs reprises de ses subsides . . .

—Et de ses leçons de morale . . . Ceci compense cela . . .

---

[46]intéressé *mercenary*
[47]descendre *here: to stay*
[48]Hôtel du Louvre *Hotel on the right bank, opposite the Louvre Museum*
[49]soit *all right, agreed*
[50]Bois: Bois de Boulogne
[51]coiffeur (*m.*) *barber*
[52]force était *one was forced to*
[53]s'était identifié à *had become identified with*
[54]vieux beaux *old, foppishly dressed beaux*
[55]répertoire (*m.*) *stock piece*

—Deux jours avant le drame, dans un bar des Champs-Ély-
sées,[56] vous lui avez présenté votre maîtresse Sonia Lipchitz ...

—Comme vous lui auriez présenté votre femme ...

—Pardon! Vous avez pris l'apéritif[57] tous les trois puis, sous prétexte
5 d'un rendez-vous d'affaires, vous les avez laissés seuls ... À ce moment,
vous étiez, vous et Sonia, ce qu'on appelle à la côte.[58] Après avoir
habité longtemps l'hôtel de Berry, près des Champs-Elysées, où vous
avez laissé une ardoise coquette,[59] force vous a été de vous rabattre[60] sur un hôtel plus que modeste boulevard des Batignolles ...

10 —Vous me le reprochez?

—Il faut croire que Sonia n'a pas plu à votre oncle, qui l'a quittée
aussitôt après dîner pour se rendre dans un petit théâtre ...

—C'est encore un reproche?

—Deux jours après, le vendredi, vers trois heures et demie, le comte
15 d'Oulmont était assassiné dans son appartement où, comme d'habitude, il faisait la sieste ... D'après les médecins légistes,[61] il a été assom-
mé[62] d'un coup violent porté à l'aide d'un tuyau de plomb[63] ou d'une
barre de fer ...

—J'ai été fouillé ... ricana le jeune homme.

20 —Je sais! Et vous aviez même un alibi. Vous m'avez montré, le
lendemain, votre carnet de paris,[64] car vous êtes un enragé des courses[65] ... L'après-midi du meurtre, vous étiez à Longchamp[66] et
vous avez joué deux chevaux à chaque course ... Des tickets du
Mutuel,[67] retrouvés dans votre pardessus, l'ont établi, et des cama-
25 rades vous ont aperçu une ou deux fois au cours de l'après-midi ...

—Vous voyez!

---

[56]Champs Elysées *a very elegant avenue in Paris*
[57]apéritif (*m.*) *before dinner drink, cocktail*
[58]à la côte *broke*
[59]ardoise coquette (*f.*) ardoise *slate. A customer's unpaid drinks used to be listed on a
slate* ardoise coquette *a fat bill (or account)*
[60]force vous a été de vous rabattre sur *you were forced to be content with*
[61]médecin légiste (*m.*) *medical expert at trials*
[62]assommer *to knock senseless*
[63]tuyau de plomb (*m.*) *lead pipe*
[64]carnet de paris (*m.*) *betting book*
[65]enragé des courses *addicted to the horse races*
[66]Longchamp *a very famous and elegant race track in the Bois de Boulogne*
[67]Mutuel: Pari Mutuel *off-track betting*

—N'empêche que[68] vous auriez eu le temps, au cours de la réunion de sauter dans un taxi et de monter chez votre oncle . . .

—Quelqu'un m'a vu?

—Vous connaissez assez l'hôtel du Louvre pour savoir qu'on n'y fait pas attention aux allées et venues[69] des habitués . . . Un chasseur[70] 5 croit cependant se souvenir . . .

—Vous ne trouvez pas que c'est plutôt vague?

—Une somme de trente-deux mille francs en billets français a été volée à votre oncle.

—Si je les avais, j'aurais eu le temps de passer la frontière![71] 10

—Je sais cela aussi. On n'a rien retrouvé à votre hôtel. Mieux! Deux jours après, votre maîtresse engageait[72] ses deux dernières bagues au Crédit Municipal[73] et vous vivez maintenant des cinq mille francs qu'elle a reçus en échange . . .

—Donc! 15

C'était toute l'affaire! Autrement dit, presque le crime parfait! L'alibi était de ceux qu'on ne peut pas contredire avec succès. Des gens avaient vu Jehan aux courses cet après-midi-là. Mais à quelle heure?

Il avait joué. Mais, à certaines courses, sa maîtresse avait pu jouer 20 pour lui et le chemin n'est pas long de[74] Longchamp à la rue de Rivoli.[75]

Un tuyau de plomb, une masse[76] de fer? Tout le monde peut s'en procurer et s'en débarrasser sans peine. Et tout le monde, avec un peu d'adresse, peut s'introduire dans un grand hôtel sans être remarqué. 25

Le coup[77] des deux bagues engagées le surlendemain?[78] Le carnet de paris d'Oulmont?

—Vous admettez vous-même, disait ce dernier, que mon bon oncle

---

[68]N'empêche que *all the same*
[69]allées et venues (*f. pl.*) *comings and goings*
[70]chasseur (*m.*) *bell-boy*
[71]passer la frontière *to cross the border*
[72]engager *to pawn*
[73]Crédit Municipal *Municipal Loan Company*
[74]le chemin n'est pas long de . . . à *it is not far from . . . to*
[75]rue dé Rivoli *a very elegant shopping street on the right bank*
[76]masse (*f.*) *club*
[77]coup (*m.*) *story, trick*
[78]surlendemain (*m.*) *two days later*

recevait parfois des femmes chez lui. Pourquoi ne cherchez-vous pas de ce côté?

Et, logiquement, il n'y avait pas une fissure[79] dans son raisonnement. Il y en avait si peu que, quand il s'était présenté au Quai des

5 Orfèvres, après deux interrogatoires,[80] et avait manifesté le désir de retourner en Belgique, on avait été obligé, faute d'éléments suffisants,[81] de lui en donner l'autorisation.

Voilà pourquoi, depuis douze jours, Maigret employait sa vieille tactique: faire suivre son homme pas à pas, minute par minute, du

10 matin au soir et du soir au matin, le faire suivre ostensiblement, afin que l'écœurement, s'il se produisait dans l'un des camps, se produisît de son côté.

Voilà pourquoi encore, ce matin-là, il avait tenu à prendre place dans le compartiment, en face du jeune homme qui, en le voyant,

15 avait esquissé un salut[82] et qui était obligé, des heures durant, de jouer la comédie de la désinvolture.[83]

Crime crapuleux![84] Crime sans excuse! Crime d'autant plus odieux qu'il était commis par un parent de la victime, par un garçon instruit[85] et sans tares[86] apparentes! Crime de sang-froid aussi! Crime

20 quasi scientifique!

Pour les jurés, cela se traduit par une tête qui tombe! Et cette tête-là, un peu pâle, certes, à peine colorée aux pommettes,[87] se redressa pour la visite de la douane.

Il faillit y avoir des protestations dans le compartiment. Maigret

25 avait donné des ordres par téléphone et, pour le couple, la visite fut minutieuse, si minutieuse qu'elle en devenait indiscrète.

Résultat: néant![88] Jehan d'Oulmont souriait de son pâle sourire. Il

---

[79]fissure (f.) *crack*
[80]interrogatoire (m.) *cross-examination*
[81]faute d'éléments suffisants *for want of sufficient evidence*
[82]avait esquissé un salut *had started a greeting*
[83]jouer la comédie de la désinvolture *to act casual*
[84]crapuleux *low, foul*
[85]instruit *educated*
[86]tare (f.) *defect, taint*
[87]à peine colorée aux pommettes *with scarcely any color on the cheeks*
[88]néant *none, nil*

souriait à Maigret. Il savait que c'était son ennemi. Il sentait, lui aussi, que c'était une guerre d'usure,[89] mais une guerre dont sa tête était l'enjeu.[90]

L'un savait tout: l'assassin. Quand, comment, à quelle minute, dans quelles circonstances le crime avait été commis.

Mais l'autre, Maigret, qui fumait sa pipe, en dépit des grimaces de sa voisine que le tabac incommodait, que savait-il, qu'avait-il découvert?

Guerre d'écœurement, oui! La frontière passée,[91] Maigret n'avait même plus le droit d'intervenir et on venait d'apercevoir les premiers corons[92] du Borinage.[93]

Alors, pourquoi était-il là? Pourquoi s'obstinait-il? Pourquoi, au wagon-restaurant, où le couple allait prendre l'apéritif, s'installait-il à la même table, menaçant et silencieux?

Pourquoi, à Bruxelles, descendait-il au Palace,[94] où Jehan d'Oulmont et sa maîtresse prenaient un appartement?

Maigret, dans l'alibi, avait-il découvert une paille?[95] Jehan d'Oulmont avait-il oublié quelque détail qui l'avait trahi?

Mais non! Dans ce cas, on l'eût arrêté en France, on l'eût déféré[96] aux tribunaux français où c'était, sans contredit,[97] la peine de mort...

Et Maigret, au Palace, occupait la chambre voisine. Maigret laissait sa porte ouverte, descendait derrière le couple au restaurant, se promenait derrière lui le long des étalages[98] de la rue Neuve, entrait dans la même brasserie, toujours obstiné et calme en apparence.

Sonia était presque aussi fébrile que son compagnon. Le lendemain elle ne se leva qu'à deux heures et le couple déjeuna dans sa chambre. Et ils entendaient la sonnerie du téléphone, car Maigret commandait à déjeuner!

---

[89]une guerre d'usure *a war of attrition*
[90]enjeu (*m.*) *stake*
[91]la frontière passée *once they crossed the border*
[92]corons (*m.*) *groups of miners' dwellings*
[93]Le Borinage *mining center in Belgium*
[94]au Palace *at the Palace Hotel*
[95]paille (*f.*) *flaw*
[96]déférer *to hand over*
[97]sans contredit *unquestionably, without a doubt*
[98]étalage (*m.*) *shop-window*

Un jour . . .Deux jours . . . Les cinq mille francs devaient fondre . . . Maigret était toujours là, la pipe à la bouche, les mains dans les poches, sombre et patient.

Mais que savait-il? Qui aurait pu dire ce qu'il savait?

5　En vérité Maigret ne savait rien! Maigret *sentait*. Maigret etait sûr de son affaire, aurait joué son nom qu'il avait raison. Mais c'était en vain qu'il avait retourné cent fois le problème dans sa tête, qu'il avait fait interroger les chauffeurs[99] de Paris et en particulier les spécialistes des courses.

10　—Vous savez! Nous en voyons tant . . . Peut-être? . . .

D'autant plus que Jehan d'Oulmont n'avait rien de particulier[1] et que les gens à qui on présentait sa photographie reconnaissaient immédiatement quelqu un d'autre.

Le flair ne suffit pas. La conviction non plus. La Justice exige une
15　preuve et Maigret cherchait toujours sans savoir qui se lasserait le premier. Il se promena derrière le couple au Jardin Botanique. Il assista à des soirées de cinéma.[2] Il déjeuna et dîna dans d'excellentes brasseries comme il les aimait et fit son plein de bière.[3]

À la pluie avait succédé une sorte de neige fondue. Le mardi, le
20　commissaire calculait qu'il ne restait guère plus de trois cents francs belges à ses victimes et peut-être se demanda-t-il si on allait faire enfin appel au *magot*.[4]

C'était une vie esquintante[5] et, la nuit, il devait se réveiller au premier bruit dans la chambre voisine. Mais il était comme ces chiens
25　qui, lâchés sur le sanglier, se font étriper plutôt que de reculer.[6]

Les gens, autour d'eux, continuaient à ne se douter de rien. On servait le pâle Jehan d'Oulmont comme un client quelconque sans se douter que sa tête était mal assurée sur ses épaules. Dans un dan-

---

[99]chauffeur (*m.*) *taxi driver*
[1]n'avait rien de particulier *had no distinguishing characteristics*
[2]soirées de cinéma *evenings spent at the movies*
[3]fit son plein de bière *had his fill of beer*
[4]magot (*m.*) *hidden hoard of money*
[5]esquintant *exhausting*
[6]ces chiens, qui, lâchés sur le sanglier, se font étriper plutôt que de reculer *those dogs who, once they are set free on the wild boar, would rather be disemboweled than retreat*

cing,[7] quelqu'un invita Sonia, puis disparut, puis l'invita une
heure plus tard et joua, comme par taquinerie,[8] avec son sac à
main. Ce quelqu'un qui avait tout du[9] jeune homme de bonne
famille, fit de loin un signe d'amitié[10] à d'Oulmont.

C'était peu de chose. On en était à la troisième journée bruxelloise. ₅
Et pourtant, dès cette minute, Maigret eut enfin l'espoir de réussir.

Ce qu'il fit alors lui ressemblait si peu que Mme Maigret en eût été
déroutée. Il se dirigea vers le bar de la boîte de nuit,[11] y prit plusieurs verres en compagnie des femmes qui l'assaillaient, parut
s'égayer au-delà des bornes admises[12] et finit, quasi titubant,[13] par ₁₀
inviter Sonia à danser.

—Si vous y tenez![14] dit-elle sèchement.

Elle laissa son sac sur la table, eut un coup d'œil à son amant, mais
celui-ci dut danser à son tour avec l'une des dames de la maison.

À ce moment, tandis que les deux couples étaient mêlés à tant d'autres ₁₅
couples, dans une lumière orangée, qui eût pu prévoir ce qui allait se
passer?

Maigret, la danse finie, n'était plus seul. Un petit homme vêtu de
noir l'accompagnait vers la table du couple et c'était lui qui pronon-
çait: ₂₀

—Monsieur Jehan d'Oulmont?... Pas de bruit... Pas de scanda-
le... Je suis chargé par la Sûreté belge[15] de vous arrêter...

Le sac était toujours là, sur la table. Maigret semblait penser à
autre chose.

—M'arrêter en vertu de quoi? ₂₅

—D'un mandat d'extradition[16] qui...

Alors, la main d'Oulmont atteignit le sac. Puis soudain le jeune
homme se dressa, braqua sur Maigret un revolver et...

---

[7]dancing (m.) *dance hall*
[8]comme par taquinerie *as if teasing*
[9]qui avait tout du *who had the appearance of*
[10]fit un signe d'amitié *gave a friendly nod*
[11]boîte de nuit (f.) *night club*
[12]au-delà des bornes admises *beyond the limits of good taste*
[13]tituber *to stagger*
[14]si vous y tenez *if you insist*
[15]la Sûreté belge *the Belgian (secret) police*
[16]mandat d'extradition (m.) *extradition order*

—En voilà toujours un qui ne l'emportera pas en paradis,[17] gronda-t-il . . .

Une détonation. Maigret restait debout, les mains dans les poches. Jehan, le revolver à la main, s'affolait. Danseurs et danseuses fuyaient.
5 La pagaye[18] habituelle . . .

—Vous comprenez? disait Maigret au chef de la Sûreté de Bruxelles. Je n'avais pas de preuves. Rien que des indices![19] Et je le savais aussi intelligent que moi . . .

«Qu'il eût tué son oncle, j'étais incapable de le démontrer. Et sans
10 doute eût-il échappé au châtiment si . . .

—Si? . . .

—S'il n'eût été ancien étudiant en Droit[20] et si la peine de mort eût réellement existé en Belgique . . . Je m'explique . . . En France il a tué son oncle par besoin d'argent . . . Il sait que là-bas[21] c'est sa tête qu'il a
15 jouée . . . Réfugié à Bruxelles, il est sûr de l'extradition si son crime arrive à être prouvé . . . Et je suis toujours derrière lui! Autrement dit, j'ai peut-être des indices, peut-être des preuves? . . . Rien ne peut le sauver . . .

«Ou plutôt si . . . Une chose peut le sauver de la guillotine, qui a
20 déjà sauvé l'assassin Danse . . . *Qu'il commette un nouveau meurtre et, avant d'être extradé,[22] il sera justiciable de la Justice belge, qui ne connaît plus l'échafaud[23] mais qui l'enverra en prison pour le reste de ses jours* . . .

«C'est à ce dilemme que j'ai voulu l'acculer[24] en le suivant pas à
25 pas . . . Il n'avait pas d'arme . . . Le geste de sa maîtresse, cette nuit, alors que le couple était à bout,[25] m'a laissé croire qu'ils étaient arrivés, grâce à la complicité d'un ancien camarade, à s'en procurer

---

[17]qui ne l'emportera pas au paradis *who won't get away with it*
[18]pagaye (*f.*) *mess, disorder*
[19]indice (*m.*) *clue, indication*
[20]ancien étudiant en Droit *a former law student·*
[21]là-bas *over there, i.e. in France*
[22]extradé *extradited*
[23]échafaud (*m.*) *scaffold*
[24]acculer *to drive into a corner*
[25]le couple était à bout *the couple was worn out*

une, qui se trouve dans le sac à main . . .

«Pendant la danse, un agent a remplacé le revolver chargé à balles[26] par un revolver chargé à blanc[27] . . .

«**Puis** l'arrestation . . .

«Jehan d'Oulmont, affolé, Jehan d'Oulmont, qui joue sa tête, préfère la prison à perpétuité[28] en Belgique et tire . . .

«Vous comprenez?'

On avait compris, oui! On avait compris qu'un second crime sauvait la vie à l'assassin du vieux comte d'Oulmont. Au surplus[29] le sourire sarcastique du jeune homme ne proclamait-il pas:

—Vous voyez que vous n'avez pas ma tête!

Sa tête, non! N'empêche qu'il était hors d'état[30] de nuire! Et que Maigret avait enfin le droit de penser à autre chose!

---

[26]chargé à balles *loaded with bullets*
[27]chargé à blanc *loaded with blanks*
[28]à perpétuité *for life*
[29]au surplus *besides*
[30]hors d'état de *no longer able to*

Exercices

Première Partie   (p. 134 à p. 141 «la visite de la douane»): <u>L'affaire d'Oulmont</u>

I. VOCABULAIRE

A. *Trouvez le mot ou l'expression qui correspond aux définitions suivantes:*
1. L'homme que suivait Maigret en portait un sur la tête
2. Dans une gare, endroit où l'on va acheter les billets
3. Train qui ne s'arrête que dans les très grandes villes
4. Quand on voyage en chemin de fer, on y met ses bagages
5. Dans un hôtel, garçon qui fait les courses
6. Limite de séparation entre deux pays

B. *Dites d'une autre façon:*
1. Lucas et Janvier se *remplaçaient l'un l'autre.*
2. Le train *était bondé.*
3. Vous *n'ignorez pas* qu'il était riche.
4. Le Comte *était un habitué de l'hôtel du Louvre.*
5. Votre oncle *n'a pas aimé Sonia.*
6. La police a *examiné soigneusement les vêtements du* jeune homme.

C. *Complétez par le mot ou l'expression qui convient:*
1. La planque _____ déjà depuis 12 jours quand Lucas a téléphoné à Maigret pour lui annoncer le _____ du couple.
2. Sonia était vêtue d'_____ et Jehan, d' _____ gris.
3. Jehan avait été _____ de l'Université de Louvain.
4. Longchamp est un célèbre _____.
5. Chaque matin, l'oncle _____ au Bois de Boulogne.
6. L'après-midi du meurtre, Jehan était à Longchamp où il _____ deux chevaux à chaque _____.
7. Sonia avait reçu |_____ en échange des deux bagues qu'elle _____ au Crédit Municipal.
8. La planque consistait à _____ le couple jour et nuit.

D. *Faites des phrases qui illustrent la différence entre:*
horloge/pendule   pardessus/manteau   complet/tailleur   un hebdomadaire/un quotidien   avoir droit à/avoir le droit de embrasser/enlacer

II. QUESTIONS

1. En quoi consistait «la planque»?
2. Où Maigret était-il en faction ce dimanche-là? Pourquoi?
3. Où sont allés Maigret et le couple avant de prendre le train? Où «les oiseaux» s'étaient-ils assis?
4. Quelle a été la réaction du couple en voyant Maigret?
5. Décrivez la gare (le train, les voyageurs).
6. Qu'a fait le jeune homme immédiatement avant le départ de son train? et après le départ? Qu'a fait sa compagne?
7. Qui était ce jeune homme? (nom, famille) Faites son portrait. (vêtements, physique)
8. Pourquoi faisait-il le désespoir de sa famille?
9. Pourquoi était-il venu à Paris? Décrivez la vie qu'il y menait.
10. Que savez-vous de Sonia Lipchitz?
11. Qui était l'oncle de Jehan d'Oulmont? Quel genre de personne était-ce?
12. Décrivez les journées parisiennes de l'oncle.
13. Que s'était-il passé deux jours avant le crime?
14. Quelle était la situation financière du couple? Comment Maigret l'a-t-il compris?
15. Quand, où, et comment le Comte était-il mort?
16. Quel était l'alibi parfait de Jehan?
17. Pourquoi Maigret n'est-il pas convaincu?
18. Pourquoi n'avait-on pas pu refuser à Jehan l'autorisation de retourner en Belgique?
19. Expliquez en quoi consiste la tactique de Maigret.
20. Que pense-t-il du crime?

III. VRAI OU FAUX?

Certaines de ces affirmations sont inexactes: corrigez-les:
1. Il faisait très beau ce matin-là.
2. Maigret s'est assis tout à côté du couple et a bu la même chose qu'eux.
3. À 9 heures, Maigret et le couple ont pris un autre taxi.
4. On ne parlait qu'une langue dans le rapide de Berlin.
5. Le train ne s'est pas arrêté à Compiègne.
6. Il faisait sombre et on ne pouvait voir que les rues mouillées et vides des villages.

7. Maigret avait interrogé Jehan deux fois pendant des heures.
8. Le Comte Adalbert portait une perruque.
9. Au moment de la visite de la douane, Jehan se cacha la tête dans les mains.
10. Jehan était reconnaissant à son oncle de l'avoir aidé de ses subsides.
11. Le vendredi précédant le crime, l'oncle et le couple avaient dîné ensemble.
12. Le Comte avait été tué d'un coup de revolver et on lui avait volé 30.000 francs belges.
13. Depuis 12 jours, Maigret suivait et faisait suivre constamment Jehan d'Oulmont.

Deuxième Partie (p. 141 à la fin): <u>À Bruxelles</u>

I. VOCABULAIRE

A. *Trouvez le mot qui correspond aux définitions suivantes:*
1. Son métier est de conduire
2. Somme d'argent amassée et cachée
3. Marcher en vacillant
4. Regard bref
5. Bruit soudain et violent
6. Appareil destiné à l'exécution des condamnés à mort

B. *Dites d'une autre façon:*
1. Il *y eut presque* des protestations pendant la visite de la douane.
2. Son alibi *était parfait.*
3. Sonia *semblait nerveuse.*
4. *«Si cela vous fait plaisir»* dit Sonia.
5. Maigret *n'est pas tombé* après la détonation.
6. Jehan *a perdu la tête* et a tiré.
7. En France, il *risquait d'être guillotiné.*
8. Il a choisi la prison *pour le reste de ses jours.*

C. *Complétez par le mot ou l'expression qui convient:*

1. Jehan savait que sa tête était _____ de cette guerre d'usure entre lui et Maigret.
2. Maigret poursuivait une véritable guerre d'_____.
3. Les indices ne suffisent pas, la Justice _____ des preuves.
4. Maigret espérait que Jehan _____ le premier de cette «planque».
5. Jehan _____ mais Maigret n'est pas tombé car le revolver était _____.
6. Il lui fallait des preuves afin de _____ la culpabilité de Jehan.
7. C'est grâce à ses études de _____ que Jehan a évité la peine de mort.
8. Il a préféré la prison à perpétuité à _____.

D. *Racontez l'incident du dancing en utilisant le vocabulaire suivant (rétablissez l'ordre chronologique):*

braquer   soirée   coup de théâtre   amitié   jouer   titubant
arrêter   debout   s'égayer   sèchement   boîte de nuit
extradition

II. QUESTIONS

1. Pourquoi les gens du compartiment s'impatientaient-ils?
2. Décrivez l'attitude de Maigret et celle de Jehan pendant la visite des douaniers.
3. Quelles questions Jehan se posait-il? Pourquoi était-il intrigué par la venue de Maigret en Belgique?
4. Où les trois personnages sont-ils allés à Bruxelles?
5. Décrivez les actions de Maigret et celles du couple, le jour de leur arrivée à Bruxelles, et le lendemain?
6. Que se disait et que se demandait Maigret? Que savait-il? Qu'avait-il fait à Paris?
7. De quelle façon se consolait-il?
8. Pourquoi était-ce «une vie esquintante»?
9. Quel est le petit incident qui a illuminé Maigret et l'a mis sur la bonne route?
10. Qu'est-ce que Maigret a fait d'extraordinaire après cet incident?
11. Décrivez ce qui s'est passé après la danse. Qu'a fait d'Oulmont?
12. Expliquez pourquoi d'Oulmont a tiré sur Maigret.
13. Qu'est-ce que ses études de droit lui avaient appris? A quel dilemme Maigret voulait-il l'acculer?

14. Comment Maigret avait-il interprété l'incident du sac?
15. Pourquoi Maigret n'avait-il pas été tué?
16. Y a-t-il vraiment un gagnant dans cette «guerre d'usure?»
17. Expliquez le sourire final de d'Oulmont et le soulagement de Maigret.

III. VRAI OU FAUX?

Certaines de ces affirmations sont inexactes; corrigez-les:
1. Maigret avait donné l'ordre à la police belge de faire fouiller le couple minutieusement.
2. L'homme qui était assis à côté de Maigret était incommodé par la fumée.
3. Jehan d'Oulmont risquait d'être condamné à mort en Belgique.
4. Il faisait aussi mauvais temps à Paris qu'à Bruxelles.
5. Jehan d'Oulmont avait été reconnu aux courses par des chauffeurs de taxi.
6. Maigret espérait que Jehan n'aurait bientôt plus d'argent et serait obligé de puiser dans le magot.
7. Maigret était découragé mais le troisième jour il a repris espoir.
8. Jehan d'Oulmont s'est affolé et a tiré sur Maigret.
9. La police belge a menti à Jehan.
10. C'est Maigret qui avait mis le revolver chargé à blanc dans le sac de Sonia.

IV. JUSTIFICATIONS

À l'aide de faits tirés du texte, justifiez les déclarations suivantes:
1. La tactique de Maigret était propre à susciter «l'écœurement» du coupable.
2. Depuis le départ de Paris, cela avait été une vie esquintante pour Maigret.
3. Jehan était presque aussi fort que Maigret.

V. SUJETS DE COMPOSITIONS, OU DISCUSSIONS

1. Étudiez la méthode de Maigret dans cette enquête.
2. Comparez cette nouvelle de Simenon avec un roman policier anglais ou américain que vous connaissez bien.
3. Après avoir lu les deux histoires, faites un portrait de Maigret.

Colette

La Chienne

COLETTE

(1873-1954)

  La très grande sensibilité de Colette fait d'elle une observatrice remarquable de tout ce qui a trait à la nature. Le conte qui suit, extrait de Douze Dialogues des bêtes *(1930) illustre cet aspect de son talent, son amour et sa connaissance des bêtes, sa psychologie des êtres humains.*

  Il s'agit ici de la première guerre mondiale (1914–1918) quand les soldats portaient encore un uniforme bleu pâle. La ville d'Arras, dans l'Artois (Nord de la France), à laquelle il est fait allusion a été le lieu d'un siège terrible par les Allemands. Sur l'arrière-plan du sergent permissionnaire (on leave) qui revient voir sa maîtresse, c'est la dévotion brûlante d'un animal pour son maître et leur affection et compréhension mutuelles que Colette décrit. Il existe aussi un élément de mystère et de surprise dans cette description de la réunion du soldat et de la chienne. La plume merveilleuse de Colette, la magie de son style, rendent l'histoire infiniment émouvante.

La Chienne

Le sergent permissionnaire ne trouva pas, en arrivant à Paris, sa maîtresse chez elle. Mais il fut quand même accueilli par des cris chevrotants[1] de surprise et de joie, étreint,[2] mouillé de baisers: Vorace, sa chienne de berger[3], la chienne qu'il avait confiée[4] à sa jeune amie,
5 l'enveloppa comme une flamme, et le lécha d'une langue pâlie par l'émotion. Cependant, la femme de chambre faisait autant de bruit que la chienne, et s'écriait:

—Ce que c'est que[5] la malchance! Madame qui est juste à Marlotte pour deux jours, pour fermer la propriété[6] de Madame. Les locataires[7] de
10 Madame viennent de s'en aller, Madame fait l'inventaire des meubles. . . . Heureusement que ce n'est pas au bout du monde! . . . Monsieur me fait une dépêche[8] pour Madame? En la mettant tout de suite, Madame sera là demain matin avant le déjeuner. Monsieur devrait coucher ici . . . Monsieur veut-il que j'allume le chauffe-bain?[9]
15 —Mais je me suis baigné chez moi, Lucie . . . Ça se lave, un permissionnaire!

Il toisa[10] dans la glace son image bleuâtre et roussie[11], couleur des granits bretons.[12] La chienne briarde,[13] debout auprès de lui dans un

---

[1]chevrotants *tremulous*
[2]étreint: *from* étreindre *to embrace*
[3]chienne de berger *sheepdog*
[4]confier à *to entrust someone with*
[5]ce que c'est que *coll. for:* c'est vraiment
[6]propriété *house*
[7]locataire *tenant*
[8]dépêche *telegram*
[9]chauffe-bain *water heater*
[10]toiser *to eye*
[11]roussie *ruddy*
[12]granits bretons *granite rocks of Brittany*
[13]briarde *long haired sheep-dog (from the region of Brie)*

silence dévot, tremblait de tout son poil. Il rit de la voir si ressemblante à lui-même, grise, bleue et bourrue:[14]

—Vorace!

Elle leva sur son maître un regard d'amour, et le sergent s'émut[15] en songeant soudain à sa maîtresse, une Jeannine très jeune et très gaie,—un peu trop jeune, souvent trop gaie . . .

Ils dînèrent tous deux, l'homme et la chienne, celle-ci fidèle aux rites de leur existence ancienne, happant le pain,[16] aboyant aux mots prescrits, figée[17] dans un culte si brûlant que l'heure du retour abolissait pour elle les mois d'absence.

—Tu m'as bien manqué, lui avoua-t-il tout bas. Oui, toi aussi! . . .

Il fumait maintenant, à demi étendu sur le divan. La chienne, couchée comme les lévriers des tombeaux,[18] feignait[19] de dormir et ne remuait pas les oreilles. Ses sourcils seuls, bougeant au moindre bruit, trahissaient[20] sa vigilance.

Le silence hébétait[21] l'homme surmené,[22] et sa main qui tenait la cigarette glissait le long du coussin, écorchant[23] la soie. Il secoua son sommeil, ouvrit un livre, mania[24] quelques bibelots nouveaux, une photographie qu'il ne connaissait pas encore: Jeannine en jupe courte, les bras nus, à la campagne.

«Instantané[25] d'amateur . . . Elle est charmante . . .»

Au verso de l'épreuve non collée,[26] il lut:

«Cinq juin 1916 . . . J'étais . . . où donc, le cinq juin? . . . Par là-bas, du côté d'Arras . . . Cinq juin. . . . Je ne connais pas l'écriture.»

Il se rassit et fut repris d'un sommeil qui chassait toute pensée. Dix heures sonnèrent: il eut encore le temps de sourire au son grave et étoffé[27]

---

[14]bourrue *here: shaggy*
[15]s'émouvoir *to be touched*
[16]happant le pain *catching the pieces of bread (which he tossed for her)*
[17]figée *rooted*
[18]couchée comme les lévriers des tombeaux *crouching like a greyhound on a tombstone*
[19]feindre (de) *to pretend*
[20]trahir *to reveal, disclose*
[21]hébéter *to daze*
[22]surmené *worn out*
[23]écorcher *to scratch*
[24]manier *to finger, to touch*
[25]instantané *snapshot*
[26]au verso de l'épreuve non collée *on the back of the unmounted print*
[27]grave et étoffé *solemn and full*

de la petite pendule qui avait, disait Jeannine, la voix plus grande que le ventre . . . Dix heures sonnèrent et la chienne se leva.

—Chut! fit le sergent assoupi.[28] Couchez!

Mais Vorace ne se recoucha pas, s'ébroua,[29] étira[30] ses pattes, ce qui
5 équivaut, pour un chien, à mettre son chapeau pour sortir. Elle s'approcha de son maître et ses yeux jaunes questionnèrent clairement:

—Eh bien?

—Eh bien, répondit-il, qu'est-ce que tu as?

Elle baissa les oreilles pendant qu'il parlait, par déférence, et les releva
10 aussitôt.

—Oh! soupira le sergent que tu es ennuyeuse![31] Tu as soif? Tu veux sortir?

Au mot «sortir», Vorace rit et se mit à haleter[32] doucement, montrant ses belles dents et le pétale charnu[33] de sa langue.

15 —Allons, viens, on va sortir. Mais pas longtemps. Je meurs de sommeil, moi, tu sais!

Dans la rue, Vorace enivrée[34] aboya d'une voix de loup, sauta jusqu'à la nuque de son maître, chargea un chat, joua en rond «au chemin de fer de ceinture».[35] Son maître la grondait tendrement, et elle paradait[36]
20 pour lui. Enfin, elle reprit son sérieux[37] et marcha posément. Le sergent goûtait[38] la nuit tiède et allait au gré de la chienne,[39] en chantonnant[40] deux ou trois pensées paresseuses:

—Je verrai Jeannine demain matin . . . Je vais me coucher dans un bon lit . . . J'ai encore sept jours à passer ici . .

25 Il s'aperçut que sa chienne, en avant, l'attendait, sous un bec de gaz, avec le même air d'impatience. Ses yeux, sa queue battante et tout son corps questionnaient:

---

[28]assoupi *half asleep, dozing*
[29]s'ébrouer *to shake oneself*
[30]étirer *to stretch*
[31]que tu es ennuyeuse! *what a pest you are!*
[32]haleter *to pant*
[33]charnu *fleshy*
[34]enivrée *here: elated*
[35]joua . . . ceinture: (chemin de fer de ceinture *outer-circle railway*) *playing «inner circle» with her tail*
[36]parader *to show off*
[37]reprendre son sérieux *to sober down*
[38]goûter *here: to enjoy*
[39]au gré de la chienne *at the dog's fantasy*
[40]chantonner *to hum*

—Eh bien! Tu viens?

Il la rejoignit, elle tourna la rue d'un petit trot résolu. Alors il comprit qu'elle allait quelque part.

—Peut-être, se dit-il, que la femme de chambre a l'habitude . . . Ou Jeannine . . .   5

Il s'arrêta un moment, puis repartit, suivant la chienne, sans même s'apercevoir qu'il venait de cesser, à la fois, d'être fatigué, d'avoir sommeil et de se sentir heureux. Il pressa le pas,[41] et la chienne joyeuse le précéda, en bon guide.

—Va, va . . ., commandait de temps en temps le sergent.   10

Il regardait le nom d'une rue, puis repartait. Point de passants, peu de lumière; des pavillons,[42] des jardins. La chienne, excitée, vint mordiller[43] sa main pendante, et il faillit la battre, retenant[44] une brutalité qu'il ne s'expliquait pas.

Enfin elle s'arrêta: «Voilà, on est arrivés!» devant une grille ancienne et 15 disloquée,[45] qui protégeait le jardin d'une maisonnette basse, chargée de[46] vigne et de bignonier,[47] une petite maison peureuse et voilée[48] . . .

—Eh bien, ouvre donc! disait la chienne campée devant le portillon[50] de bois.

Le sergent leva la main vers le loquet,[51] et la laissa retomber. Il se 20 pencha vers la chienne, lui montra du doigt un fil de lumière au long des volets[52] clos, et lui demanda tout bas:

—Qui est là? . . . Jeannine? . . .

La chienne poussa un: «Hi!» aigu[53] et aboya.

—Chut! souffla[54] le sergent en fermant de ses mains la gueule[55] humide 25 et fraîche . . .

---

[41]presser le pas *to walk faster*
[42]pavillon *small house*
[43]mordiller *to nibble*
[44]retenir *to restrain*
[45]grille disloquée *broken-down railing*
[46]chargée de *smothered in*
[47]bignonier *bignonia (type of climbing plant)*
[48]peureuse et voilée *coy and shrouded*
[49]campée *planted*
[50]portillon *wicket-gate*
[51]loquet *latch*
[52]volets *shutters*
[53]aigu *shrill*
[54]souffler *to breathe*
[55]gueule *mouth (of an animal)*

158

Il étendit encore un bras hésitant vers la porte et la chienne bondit.[56] Mais il la retint[57] par son collier et l'emmena sur l'autre trottoir, d'où il contempla la maison inconnue, le fil de lumière rosée . . . Il s'assit sur le trottoir, à côté de la chienne. Il n'avait pas encore rassemblé les images ni
5 les pensées qui se lèvent autour d'une trahison[58] possible, mais il se sentait singulièrement seul, et faible.

—Tu m'aimes? murmura-t-il à l'oreille de la chienne.

Elle lui lécha la joue.

—Viens, on s'en va.

10 Ils repartirent, lui en avant cette fois. Et quand ils furent de nouveau dans le petit salon, elle vit qu'il remettait du linge et des pantoufles dans un sac qu'elle connaissait bien. Respectueuse et désespérée, elle suivait tous ses mouvements, et des larmes tremblaient, couleur d'or, sur ses yeux jaunes. Il la prit par le cou pour la rassurer:

15 —Tu pars aussi. Tu ne me quitteras plus. Tu ne pourras pas, la prochaine fois, me raconter le reste. Peut-être que je me trompe . . . Peut-être t'ai-je mal comprise . . . Mais tu ne dois pas rester ici. Ton âme[59] n'est pas faite pour d'autres secrets que les miens. . . .

Et tandis que la chienne frémissait,[60] encore incertaine, il lui tenait la
20 tête entre ses mains, en lui parlant tout bas:

—Ton âme . . . Ton âme de chienne . . . Ta belle âme . . .

---

[56]bondir *to bound forward*
[57]retenir *to hold back*
[58]trahison *betrayal*
[59]âme *soul*
[60]frémir *to quiver*

Exercices

Première Partie: (p. 155 à p. 157 «tu sais!»): <u>L'arrivée</u>

I. VOCABULAIRE

   A. *Expliquez les expressions ou mots suivants par:*

DES SYNONYMES:
1. serrer   2. télégramme (*m.*)   3. canapé (*m.*)   4. admettre
5. faire semblant de

DES CONTRAIRES:
1. locataire   2. allumer   3. déloyal   4. dresser (les oreilles)
5. déférence (*f.*)

   B. *Trouvez le mot ou expression qui correspond aux définitions suivantes:*
1. Un soldat en congé
2. Être agité, remué par des émotions
3. Fatigué à l'excès
4. Petits objets curieux et décoratifs
5. Respirer à un rythme anormalement rapide

   C. *Dites d'une autre façon:*
1. Il *avait remis sa chienne aux soins de Jeannine.*
2. Sa chienne l'avait *mouillé de baisers.*
3. Ce n'est pas *le bout du monde.*
4. Mais, *j'ai pris un bain à la maison,* Lucie.
5. La chienne *n'avait pas oublié les habitudes sacrées* de leur ancienne vie.
6. *Comme j'ai regretté ta présence!*
7. *Ses oreilles ne bougeaient pas.*
8. Tu *m'importunes beaucoup,* tu sais.

   D. *Complétez par le mot ou l'expression qui convient:*
1. Sa chienne l'_____ avec des cris de joie et des baisers.
2. Après le dîner, il _____ sur le divan et a fumé.
3. L'épreuve qu'il avait trouvée n'était pas une photo artistique mais un _____.
4. Dix heures _____ à la pendule.
5. Par respect pour lui, la chienne _____ les oreilles, et les _____, attentive à ce qu'il allait dire.

160

E. *Complétez par une suite de mots convenable:*

1. En se regardant dans la glace, il a ri parce que _____.
2. Le sergent a pensé à sa maîtresse quand la chienne _____.
3. Pour un chien, s'ébrouer et étirer ses pattes équivaut à _____.
4. Vorace ne s'était pas recouchée, et ses yeux semblaient dire qu'elle _____.
5. _____, Vorace a commencé à haleter doucement.

F. *Faites des phrases qui illustrent la différence entre:*
dévot/dévoué poil/cheveux propriété/propreté patte/jambe
lévrier/berger cils/sourcils endormi/assoupi pendule/horloge

II. QUESTIONS

1. Qui a accueilli le sergent à son arrivée à Paris?
2. Décrivez l'accueil de la chienne.
3. Comment la femme de chambre explique-t-elle l'absence de Madame?
4. Qu'est-ce qui frappe le sergent en se regardant dans la glace? Expliquez pourquoi il rit.
5. Pourquoi pense-t-il soudain à Jeannine? Quelle image d'elle évoque-t-il?
6. Comment la chienne retrouve-t-elle les rites du dîner à deux? Expliquez «l'heure du retour . . . les mois d'absence».
7. Comment garde-t-elle son maître lorsqu'il se repose? Décrivez sa position.
8. Comment se manifeste la fatigue du sergent?
9. Que trouve-t-il? Quelles questions se pose-t-il?
10. Que fait la chienne lorsque la pendule sonne 10 heures? Expliquez «qui avait la voix plus grande que le ventre.».
11. Par quelles mimiques montre-t-elle au sergent qu'elle veut sortir? Comment réagit-elle au mot «sortir»?

Deuxième Partie (p. 157 à la fin): Le secret de la chienne

I. VOCABULAIRE

A. *Expliquez les mots suivants par:*

DES SYNONYMES:

1. réprimander 2. calmement 3. joyeux 4. clos 5. rassurer

DES CONTRAIRES:
1. en avant   2. quelque part   3. s'arrêter   4. précéder
5. irrévérencieux

B. *Trouvez le mot ou l'expression qui correspond aux définitions suivantes:*
1. Fou, folle de joie
2. Se montrer en se donnant un air avantageux
3. Rattraper quelqu'un qui a de l'avance
4. Empêcher de se mouvoir librement
5. Ce que l'on verse quand on pleure
6. Être agité d'un tremblement causé par l'émotion

C. *Dites d'une autre façon:*
1. Vorace *s'est précipitée pour attaquer* un chat.
2. Elle *reprit son sérieux.*
3. L'homme allait *où le voulait* Vorace.
4. Il *marcha plus vite.*
5. Le sergent *s'est rendu compte* que sa chienne l'attendait.
6. Elle prit le tournant *d'un pas de petit cheval décidé.*
7. Il *la frappa presque.*
8. Il *regarda longuement* cette maison *qu'il ne connaissait pas.*

D. *Complétez par le mot ou l'expression qui convient: (pp. 157 à 158)*
1. Elle attendait impatiente, la _____ battante.
2. Le portillon de la maisonnette couverte de _____ était fermé par un _____.
3. Seul, un fil de lumière passait le long des _____.
4. La chienne bondit, mais il la retint par son _____.
5. Elle était _____ de voir qu'il allait partir, mais elle était trop _____ pour protester.
6. Seul, un fil de lumière passait le long des _____ clos.

E. *Complétez par une suite de mots convenable:*
1. Son maître la grondait tendrement parce qu'elle _____.
2. Ses pensées heureuses étaient qu'il _____.
3. Il n'était pas absolument sûr _____ mais il se sentait singulièrement faible et seul.
4. Des larmes tremblaient sur ses yeux jaunes, tandis que l'homme _____.
5. _____, il la prit par le cou pour la rassurer.

F. *Faites des phrases qui illustrent la différence entre:*
pavillon/maison porte/portillon frémir/trembler mordre/
mordiller gueule/bouche contempler/regarder s'aperce-
voir/apercevoir trot/galop

II. QUESTIONS

1. Décrivez les jeux de la chienne dans la rue, et sa joie. Comment
   apparaît l'entente entre l'homme et l'animal?
2. Dans quel état est le sergent maintenant, et quelles sont ses
   pensées?
3. Quelles actions de la chienne font comprendre à l'homme
   qu'elle sait où elle va?
4. Quels changements se produisent en lui?
5. Jusqu'où la chienne le guide-t-elle?
6. Quelle impression donne la maison?
7. Comment le sergent se rend-il compte que c'est Jeannine qui est
   là? (trois choses)
8. Que fait-il alors? Quel est son état d'âme?
9. Comment la chienne lui prouve-t-elle son affection?
10. Où s'en vont-ils? Qui est le guide cette fois?
11. Comment la chienne comprend-elle qu'il va partir?
12. Quels signes de désespoir montre-t-elle? Commentez «respec-
    tueuse et désespérée».
13. Comment l'homme explique-t-il sa décision d'emmener la
    chienne?

III. VRAI OU FAUX?

Certaines de ces affirmations sont inexactes: corrigez-les:
1. À l'arrivée du sergent, la femme de chambre était aussi excitée
   que la chienne.
2. Elle veut téléphoner pour prévenir Madame.
3. Elle suggère qu'il prenne un bain avant le dîner.
4. Il accepte parce qu'il n'a pas pris de bain depuis longtemps
5. La chienne ne lui a pas manqué autant que la jeune femme.
6. Il a été surpris de voir Jeannine en jupe courte car, au moment
   où les hommes sont partis à la guerre, les femmes portaient des
   jupes longues.
7. Il a reconnu l'écriture sur la photo de Jeannine.

163

8. Après avoir regardé la photo, il est retombé dans un sommeil lourd.
9. La chienne le mena dans une rue où il y avait beaucoup de monde.
10. Tout d'un coup, il eut envie de battre la chienne.
11. Le sergent a ouvert la grille sans hésiter.
12. La chienne a manifesté son désespoir en gémissant.

IV. JUSTIFICATIONS

À l'aide de faits tirés du texte, justifiez les déclarations suivantes:
1. La fatigue du sergent était extrême.
2. La chienne était totalement dévouée à son maître.
3. Le «suspense» existe tout au long de la deuxième partie.

V. SUJETS DE COMPOSITIONS, OU DISCUSSIONS

1. Que pensez-vous de cette dévotion totale de la chienne à son maître? Comment s'explique-t-elle? Préférez-vous les chiens aux chats? Quelles sont les différences entre eux?
2. «Le secret de Jeannine». Imaginez «le reste»: ce que sait la chienne.
3. Si le sergent repart à la guerre, que va-t-il arriver à la chienne? Donnez une fin au conte.
4. Comment Colette a-t-elle réussi à donner une merveilleuse description de la chienne en tant qu'animal et à faire d'elle un être humain avec une âme?

Appendix

FORMATION OF LITERARY TENSES

LE PASSÉ SIMPLE (Past Definite)

The passé simple is a tense used in literary works to narrate completed past events. It is as distinct from the *imparfait,* as the passé composé. Unlike the passé composé, it is not used in spoken French. However, it is important to recognize its forms which occur rather frequently in *Mélange Littéraire.*

I. The passé simple of regular conjugations (-er, -ir, -re) is formed by adding to the stem of the infinitive the following endings:

> *first group:* -ai, -as, -a, -âmes, -âtes, -èrent. Parl-er⟶ je parl-**ai**
> *second group:* -is, -is, -it, -îmes, -îtes, -irent. Fin-ir ⟶ je fin-**is**
> *third group:* -is, -is, -it, -îmes, -îtes, -irent. Répond-re ⟶ je répond-**is**

II. The passé simple of most irregular verbs is formed on the past participle* (participe passé) of the verb.
Here are a few examples which occur in *Mélange Littéraire:*

> *cueillir:* je cueillis; mettre: je mis; s'asseoir: je m'assis; paraître: je parus;
> *boire:* je bus; prendre: je pris; mentir: je mentis; rire: je ris;
> *plaire:* je plus; devoir: je dus; décevoir: je déçus; vivre: je vécus;
> *faillir:* il faillit; falloir: il fallut; pleuvoir: il plut.

III. The passé simple of some other irregular verbs is formed by adding -is, -is, -it, -îmes, -îtes, -irent to the stem of the first person plural of the indicative present:

> 1. atteindre, étreindre, plaindre, craindre, etc. ..   *Example:* atteign-ons⟶ j'atteign-is.

---

* The past participles of irregular verbs are given in the End-Vocabulary.

2. écrire, ouvrir, offrir, souffrir, etc. ... *Example :* écriv-ons
⟶ j'écriv-is.
3. conduire, produire, nuire, déduire, interdire, etc. ...
Example : conduis-ons ⟶ je conduis-is.

IV. Finally, a few irregular verbs which appear in *Mélange Littéraire* have an irregular passé simple.

être : je fus, tu fus, il/elle/on fut, nous fûmes, vous fûtes, ils/elles furent.
avoir : j'eus, tu eus, il/elle/on eut, nous eûmes, vous eûtes, ils/elles eurent.
venir and its compounds (devenir, parvenir, revenir, se souvenir, etc.) ;
tenir and its compounds (obtenir, contenir, entretenir) : *Example :* tu vins, il/elle/on vint, nous vînmes, vous vîntes, ils/elles vinrent.
voir (prévoir, revoir) : je vis.
faire : je fis.
battre : je battis.
mourir : je mourus.

It may be helpful to note that 1) all verbs have in common the last part of the endings: -s, -s, -t, -ˆmes, -ˆtes, -rent; 2) there is always an *accent circonflexe* on the 1st and 2nd persons of the plural.

IMPARFAIT DU SUBJONCTIF *(Imperfect Subjunctive)*

The imparfait du subjonctif appears occasionally in *Mélange Littéraire.* It is a highly literary tense, and it is replaced by the présent du subjonctif in spoken French.

Example : elle fit servir le thé pour qu'on nous laissât tranquilles (= pour qu'on nous *laisse* tranquilles).

The imparfait du subjonctif is formed by using the stem of the passé simple and adding the imperfect subjunctive endings. It has the same systems of endings as the passé simple :

1. -asse, -asses, -*ât ;* -assions, -assiez, -assent. *Example :* je parl-ai ⟶ que je parl-asse.

2. -isse, -isses, *-ît*, -issions, -issiez, -issent. *Example :* je fin-is ⟶ que je fin-isse.

3. -usse, -usses, *-ût*, -ussions, -ussiez, -ussent. *Example :* je reç-us ⟶ que je reç-usse.

4. *être :* que je fusse, que tu fusses, qu'il/elle/on fût, que nous fussions, que vous fussiez, qu'ils/elles fussent.

5. *avoir :* que j'eusse, que tu eusses, qu'il/elle/on eût, que nous eussions, que vous eussiez, qu'ils/elles eussent.

It may be helpful to note the change in the 3rd person singular and the *accent circonflexe*.

PLUS-QUE-PARFAIT DU SUBJONCTIF (Pluperfect Subjunctive)

Another literary tense which occurs (rarely) in *Mélange Littéraire* is the plus-que-parfait du subjonctif. It is sometimes used instead of the conditional passé (*past conditional*) or the plus-que-parfait (*pluperfect*) de l'indicatif.

Example : le résultat vous eût montré (= le résultat vous aurait montré).

It is formed with the imperfect subjunctive of the auxiliary (avoir or être) + the past participle of the verb in question :

Examples : que j'eusse parlé
qu'elle fût venue
que nous eussions réfléchi.

A

aboier to bark
abonnement (*m.*) subscription
aborder to approach
aboutir à to lead to
abréger to shorten, to cut short
absolument absolutely
accompagner to accompany, to go with
accorder to grant
accoutumé accustomed, used (to)
accueil (*m.*) welcome, greeting; **faire bon—** to greet warmly
accueillir to greet, to receive, to accept
achever (s') to end up
acier (*m.*) steel
actuellement now, at the present time
adieu (*m.*) farewell; **faire ses—s** to take leave of
admettre (*p.p.* **admis**) to concede, to admit, to grant
adorer to adore, to worship
adresse (*f.*) *skill*
adresser (s') à to speak to

advenir (*p.p.* **advenu**) to occur, to happen
affaire (*f.*) question, matter, business, case, concern
affaires (*f.pl.*) business
affamé famished, starving
affirmer to affirm, to assert, to assure
affligé (**de**) afflicted (with)
affolé distracted, panic-stricken
affoler (s') to get panicky
affreux, -euse frightful, horrible, dreadful
afin (**de** + *inf.*), **—** (**que** + *subj.*) so that
âge (*m.*) age; **quel — avez-vous?** how old are you?
agent (*m.*) policeman
agir to act; **il s'agit de** it is a question of, it is a matter of
agité agitated, excited
agiter to move, to stir
agoniser to be dying, on the point of death
agrandir to enlarge
agréable pleasant, nice

169

aide (*f.*) help, assistance; **à l'—de** with the help of

aider to help, to assist

aigreur (*f.*) sourness

aile (*f.*) wing, aisle

ailleurs elsewhere, somewhere else; **d'—** besides, moreover, in other respects, otherwise

aimable kind, polite

aimer to love, to like; **—bien** to like

aîné (*m.*) older child

ainsi thus, so, like this; **—que** just as

air (*m.*) air, look, expression; **avoir l'—** to seem, to look

ajouter to add

alerte alert, quick

alerter to alert, to send a warning to

aliment (*m.*) food

allée (*f.*) alley, path, walk

allemand German

aller to go; **va** go on; **allons donc** go on, come on; **—et venir** to come and go; **s'en—** to go away

allongé elongated, oblong

allonger (**s'**) to stretch out, to lie down

allumer to light

allumer (**s'**) to light, to kindle

allusion (*f.*) hint; **faire—à** to hint, to refer to

alors then, therefore, so; **—que** whereas, when

amant (*m.*) lover

amateur (*m.*) lover (of sth.)

âme (*f.*) soul

amener to bring, to take, to lead to

amer, -ère bitter

amitié (*f.*) friendship

amoureux, -euse in love, enamoured

amuser to amuse, to entertain

amuser (**s'**) to have a good time, to have fun

an (*m.*) year

analogue analogous, similar

ancien, -enne ancient, former, old

ange (*m.*) angel

angoissant alarming, distressing

angoisse (*f.*) anguish

animer to animate, to enliven

année (*f.*) year

annoncer to announce; **qui dois-je annoncer?** what name please?

apaiser to appease, to quench

apercevoir (*p.p.* **aperçu**) to see, to perceive, to notice

apercevoir (**s'**) to realize

apéritif before dinner drink

apparaître (*p.p.* **apparu**) to appear, to become evident

appareil (*m.*) apparatus, instrument

apparence (*f.*) appearance; **d'—, en—** seemingly, outwardly

apparent apparent, visible

appartenir (*p.p.* **appartenu**) to belong

appel (*m.*) call; **faire—à** to call upon, to delve into

appeler (**s'**) to be named

appliquer to apply

apporter to bring

apprendre (*p.p.* **appris**) to learn

approbateur, -trice approving

approche (*f.*) approach, oncoming

approcher to approach, to come near

approcher (**s'**) to approach, to go near

appuyer to press, to put

appuyer (**s'**) to lean, to rest (on, against)

après after; **d'—** from, according to

argent (*m.*) money, silver

arme (*f.*) weapon

arracher to tear away (from), to blow away

arranger (**s'**) **pour** to manage, to contrive

arrêter to stop, to arrest

arrêter (**s'**) to stop

arrière-plan (*m.*) background

arrière-salle (*f.*) back room

arrivée (*f.*) arrival

arriver to arrive, to happen, to succeed, to come to; **il lui arrive d'oublier** he sometimes forgets

as (*m.*) ace, top student

aspirer to aspire, to inhale, to suck up

assaillir to assail, to beset

assassiner to murder

assaut (*m.*) assault, attack

asseoir (*p.p.* **assis**) to set, to sit, to lay; **assis** seated

asseoir (**s'**) to sit down; **asseyez-vous donc** do sit down

assez enough, rather

assidu assiduous, steady

assiette (*f.*) plate

assister to assist; **—à** to witness, to attend

associé (*m.*) partner

associer to associate, to unite, to join

assuré firm, sure, confident; **mal—** unsure, not very secure

assurer to assure, to insure

atroce atrocious, heinous, horrible

attache (*f.*) tie

attacher to attach, to tie, to fasten

attaquer to attack, to go to work on, to tackle

atteindre (*p.p.* **atteint**) to reach, to reach for

attendre to wait, to expect; **en attendant** meanwhile

attendre (**s'**) **à** to expect

attentif, -ive attentive, careful

attention (*f.*) attention, notice; **faire —** to pay attention

attirer to draw, to attract

attrister to sadden

auberge (*f.*) inn

aucun, -e no, no one; **sans—** without any

au-dessus de above

augmentation (*f.*) raise

auparavant before, previously

auprès de near, with

ausculter to examine (by auscultation)

aussi also, too

aussitôt soon, immediately; **—que** as soon as

autant as much, so much, the same; **d'—plus que** doubly so, all the more … as

automne (*m.*) autumn, fall

autour de around

autre other, different, else; **un—** another; **les—s** other people; **vous —s** you; **—chose** something else

autrefois formerly, once upon a time

autrement otherwise, differently; **— dit** in other words

avaler to swallow

avance (*f.*); **avoir de l'—** to be ahead

avancer to advance, to progress, to move forward

avancer (**s'**) to come forward, to approach

avant before; **—(de + *inf.*), — (que + *subj.*)** before (doing); **en—** forward, ahead

avantage (*m.*) advantage

avantageux, -euse advantageous; **un salaire—** a good salary; **se donner un air—** to act important

avant-guerre (*m.*) pre-war period

avant-hier (*adv.*) the day before yesterday

avant-veille (*f.*) two days before

avenir (*m.*) future; **à l'—** in the future

aventure (*f.*) adventure, enterprise, experience

avertir to warn

avion (*m.*) plane

avis (*m.*) opinion, advice; **être du même—** to agree; **changer d'—** to change one's mind

aviser to notice, to perceive, to catch a glimpse of

avocat (*m.*) lawyer

avouer to confess, to admit

B

bague (*f.*) ring

baigner (**se**) to take a bath

bain (*m.*) bath

baiser (*m.*) kiss

baisser to lower; **—la tête** to bend one's head; **—les yeux** to look down

balbutier to stammer, to stutter

banc (*m.*) bench

banlieue (*f.*) suburbs, outskirts

banquette (*f.*) bench, seat

banquier (*m.*) banker

baptiser to name

barbe (*f.*) beard

barre (*f.*) metal bar

bas (*m.*) stocking
bas, -sse low
bas (*adv.*); **en**—downstairs; **bien—, tout—**in a very low voice
bâtir to build
batterie (*f.*) battery (mil.)
battre to beat, to strike, to wave, to thrash
bavarder to chat
beau, bel, belle beautiful, handsome, fair
bec de gaz (*m.*) lamp-post
belge Belgian
Belgique Belgium
besogne (*f.*) work, labor, piece of work
besoin (*m.*) need; **avoir—de** to need
bête (*f.*) animal, fool
bête stupid, silly, foolish
bibelot (*m.*) curio, knick-knack, trinket
bien well; **eh—**well; **j'ai—passé** I must have spent
bien des many
bien que although
bientôt soon, shortly, before long
bière (*f.*) beer
billet (*m.*) ticket, note, bill
bistrot (*m.*) café, pub
bizarre strange, odd, queer
blé (*m.*) wheat
blessé wounded
blesser to wound, to hurt
bleuâtre bluish
bloc (*m.*) block
bock (*m.*) large glass of beer
boire (*p.p.* **bu**) to drink
bois (*m.*) wood; (*m.pl.*) woods
bon, bonne good, pleasant; **bon!** O.K., alright; **à quoi—?** what's the use? **mon—** my good fellow
bond (*m.*) jump, leap
bondé crowded, packed
bonheur (*m.*) happiness
bonhomme (*m.*) chap, old fellow
bord (*m.*) edge, rim, boardship; **—de la mer** seaside
boucler to close, to lock
boue (*f.*) mud
bouffée (*f.*) puff

bouger to move, to stir
bouillant boiling, seething
bouleversement (*m.*) overthrow, upset, confusion
bouleverser to upset, to shatter
bout (*m.*) end, tip, bit; **au—de** at the end of; **tout au—**at the very end
bouton (*m.*) button
braquer to aim, to point
bras (*m.*) arm; **un—**(**de la Seine**) loop (river)
brave brave, good
bref, brève brief, short
bref in short
brigadier (*m.*) sergeant
brillant brilliant, bright, shining
briser to break
bronzé tanned
brouillard (*m.*) fog
bruit (*m.*) noise; **faire du—** to be noisy, to make noise
brûler to burn
brume (*f.*) haze, mist
brune (*f.*) brunette
brusquement suddenly
bruxellois person living in Brussels
bureau (*m.*) office, desk
but (*m.*) end, purpose, goal
buveur, -euse drinker; **un gros—**a heavy drinker

C

cabinet (*m.*) office
cacher to hide, to conceal
cacher (se) to hide
cachet (*m.*); **—de la poste** postmark
cadeau (*m.*) present, gift
cadran (*m.*) dial
cadre (*m.*) frame
caisse (*f.*) cash-register
calculer to calculate, to figure out, to reckon
calme calm, quiet
camarade (*m.&f.*) companion, fellow, mate
camp (*m.*) camp, party
campagnard rustic

campagne (*f.*) country(-side), campaign
canapé (*m.*) couch, sofa
car for, because
carrière (*f.*) career
cas (*m.*) case, situation, circumstances; **en—de** in case; **auquel—**in which case; **en tout—**in any case, at any rate
casser to break
casser (se) to break, to get broken
cause (*f.*) cause, reason, motive; **à—de** because of, on account of
causer to cause, to talk
céder to yield, to give in
célèbre famous
centaine (*f.*) a hundred or so
cependant yet, however, meanwhile; **—que** while
cercle (*m.*) circle, range
cérémonieux, -euse ceremonious, formal
certain certain, sure
certes certainly, yes indeed
cesse; sans—ceaselessly, incessantly, constantly
cesser to stop; **—de** (+ *inf.*) to stop (+ *p.p.*)
chacun everyone, each one
chagrin (*m.*) grief, sorrow
chagrin sad, depressed
chaleur (*f.*) heat, warmth
chambre (*f.*) bedroom
champ (*m.*) field, scope, range
chance (*f.*) luck; **avoir de la—**to be lucky, to be fortunate
chandelle (*f.*) candle
changer to change, to move (from)
chant (*m.*) singing, song
chantonner to hum, to sing softly
chapeau (*m.*) hat; **—melon** bowler
chaque each, every
charbon (*m.*) coal, charcoal
charge (*f.*) load
charger to charge, to attack, to load; **—qqn de** to entrust s.o. with
charmant charming, lovely, delightful
chasse (*f.*) chase, hunt
chasser to chase, to hunt, to dismiss

château (*m.*) castle, manor
châtiment (*m.*) punishment
chauffer to heat
chauve bald
chef (*m.*) chief, leader, boss
chemin de fer (*m.*) railroad
chêne (*m.*) oak
cher, chère dear, expensive, precious; **mon—**my dear fellow, old boy
chercher to look for, to get
chéri dear, darling
chevet (*m.*); **au—de** at the bedside of
chez to, at, in, at the house of
chien (*m.*) dog
chienne (*f.*) female dog
chiffre (*m.*) number, figure, numeral
choc (*m.*) shock, blow
choisir to choose, to select
choix (*m.*) choice
chose (*f.*) thing; **autre—**something else
chrétien, -tienne Christian
chut Hush!
ciel (*m.*) sky, heaven
cil (*m.*) eyelash
cinquantaine (*f.*) about fifty
citadin belonging to a city
citer to cite, to mention, to quote
clair clear, light, bright
client, cliente customer, patient
clientèle (*f.*) practice
cœur (*m.*) heart
coin (*m.*) corner
col (*m.*) collar
colère (*f.*) anger, wrath
collaborateur (*m.*) colleague
collégien (*m.*) high school student
collègue colleague
coller to glue, to stick, to fasten
collier (*m.*) collar (dog)
combien how much, how many, how
comble full, jammed, packed
comédie (*f.*) comedy, act
comité (*m.*) committee
commander to command, to order
comme as, like, since, how; **—si** as if; **—d'hier** as if it were yesterday
commencer (à, par) to begin, to start with

commettre (*p.p.* **commis**) to commit, to do

commissaire (*m.*) police commissioner

communiquer to communicate, to make known

communiquer (se) to be communicative, to spread

compagne (*f.*) companion

compagnie (*f.*) company; **en—de** in the company of

compagnon (*m.*) companion

compartiment (*m.*) compartment

compatissant compassionate, sympathetic

compenser to compensate, to make up for

complet, -ète complete, full

complet (*m.*) man's suit

comporter (se) to behave

comprendre (*p.p.* **compris**) to understand, to include

compte (*m.*) count, account; **rendre —à** to report to; **se rendre—** to realize

compter to count; **—sur** to rely upon, to depend upon

comte (*m.*) count

comtesse (*f.*) countess

concerner to concern, to affect; **en ce qui me concerne** as fas as I am concerned

conclure (*p.p.* **conclu**) to conclude, to come to the conclusion

condamné doomed

conduire (*p.p.* **conduit**) to drive, to lead, to take s.o. somewhere

conduire (se) to behave

conduite (*f.*) behavior, conduct

conférence (*f.*) lecture

confiance (*f.*) trust, confidence; **avoir —en** to trust

confidence (*f.*) confidence, secret

confier (se) à to confide

confrère (*m.*) colleague

confusément vaguely

congé (*m.*) leave, holiday

connaissance (*f.*) knowledge, acquaintance; **faire la—de** to meet

connaître (*p.p.* **connu**) to know

conseil (*m.*) advice, council; **—d'administration** board of directors

conseiller (*m.*) adviser

conseiller to advise

conserver to keep, to preserve

considérer to consider, to contemplate, to think

constater to observe, to see, to realize

conte (*m.*) story, tale

contempler to behold, to gaze, to meditate

contenir (*p.p.* **contenu**) to contain, to hold, to repress

content glad, pleased; **—de** pleased (with, to); **—de soi** vain, conceited

conter to tell, to relate

continuer to continue, to go on

contraindre (*p.p.* **contraint**) to compel, to force

contraire (*m.*) contrary, antonym

contrarier to go against, to upset

contraste (*m.*); **faire—avec** to contrast with

contrat (*m.*) contract, agreement

contre against, close to; **par—** on the other hand

contredire (*p.p.* **contredit**) to contradict, to refute, to disprove

convaincre (*p.p.* **convaincu**) to convince

convenir (*p.p.* **convenu**) to agree upon, to fit, to suit

cordonnier (*m.*) shoemaker

corps (*m.*) body

corpulent portly, stout

correspondre à to correspond to

craindre (*p.p.* **craint**) to fear, to be afraid

crainte (*f.*) fear; **par—de** for fear of

craintif, -ive fearful, timid

crâne (*m.*) skull, head

craquer to creak

cravate (*f.*) necktie

créer to create, to establish, to form

crème (*f.*) custard

crétin (*m.*) idiot

cri (*m.*) cry, scream; **poussei un—** to scream; **jeter un—** to scream

crier to scream, to shout, to call
crispé fidgety, tense, upset
croire (p.p. cru) to believe, to think;
 je crois bien I really think
croiser to meet, to pass by
croisière (f.) cruise; faire une—to go
 on a cruise
cuir (m.) leather
cuisine (f.) kitchen, cooking
cuisinière (f.) cook
curieux, -euse curious, strange, quaint

D

abord; d'—at first, first of all, in any
 case; tout d'—first of all
dame (f.) lady
danseur, -euse dancer, partner
dater (de) to date (from), to go back to
davantage more
déambuler to stroll about
débarquer to land, to take (s.o., sth.)
 ashore (off the boat)
débarrasser (se) to get rid of
débonnaire easy-going, good-natured
debout standing, erect
débraillé (m.) untidiness
début (m.) beginning; au—in the beginning
décevoir (p.p. déçu) to disappoint
déchéance (f.) downfall
déchirer to tear
décidé resolute, confident, determined
décider to decide, to determine
décider (se) à to make up one's mind
 (to do sth.)
décor (m.) setting
découverte (f.) discovery
découvrir (p.p. découvert) to dis-
 cover, to uncover, to find
décrire (p.p. décrit) to describe
déduire (p.p. déduit) to deduct, to
 come to the conclusion
défendre to forbid
défendre (se) to defend oneself
déférence (f.) respect; par—out of
 respect
défier to defy, to challenge

dégager to emit, to release, to extricate
dégât (m.) damage
dégoût (m.) dislike, disgust
dégoûter de to give s.o. a dislike for
 doing sth.
dehors outside; en—de outside of;
 du—from the outside
déjà already
déjeuner to have lunch
au-delà de beyond
délibérément deliberately
délivrer to deliver, to free
demande (f.) request
demander to ask, to ask for, to require
demander (se) to wonder
démarche (f.) gait, walk, step
démasquer to unmask, to expose
demeurant; au—after all, all the same
demeure (f.) residence, house
demeurer to remain, to stay
demi half
démontrer to prove, to show
dénouer to untie; (cheveux) dénoués
 undone, let down
dent (f.) tooth
départ (f.) departure, start
dépasser to go beyond, to protrude
dépendre (de) to depend (upon)
dépit (m.) spite; en—de in spite of;
 par—out of spite
déplaire (p.p. déplu) to displease;
 cela me déplaît I dislike that
depuis since, for; —quand? How
 long?
déranger to disturb, to trouble
dérisoire ridiculous
dernier, -ère last, latter; ce— the
 latter; —-né last born child
dérobée; à la—on the sly
dérober (se) to avoid, to shun, to give
 way
dérouler (se) to unfold
dérouter to disconcert, to perplex
derrière behind
dès from, as soon as;—que as soon as
désagréable disagreeable, unpleasant
désastre (m.) disaster, calamity
descendre to go down, to get off, to
 get out of, to stay (hotel)

désert deserted

désespéré despaired, desperate

désespérer to despair, to lose hope, to be hopeless

désespoir (*m.*) despair; **faire le — de qqn** to be the despair of s.o.

désir (*m.*) desire, wish

désolation (*f.*) grief, sorrow

désolé desolate, very sorry

désormais from now on, from then on

dessin (*m.*) drawing

dessiner to draw

dessous below; **en — de** below, under; **là-—** under there, under that

dessus above, over, on; **au-—de** above

détacher (se) de to come loose

détonation (*f.*) bang, shot

détourner to turn away; **—le regard** to look away; **—les yeux** to avert s.o.'s eyes, to look away

deuil (*m.*) mourning; **en grand—** in deep mourning

devant before, in front of

devenir (*p.p.* **devenu**) to become

deviner to guess

dévisager to stare at

dévoiler to unveil, to reveal

devoir (*m.*) duty, task

devoir (*p.p.* **dû**) to owe, must

dévorer to devour

dévot devout

dévoué devoted

diable (*m.*) devil

Dieu God, god

digne worthy, dignified

dilapider to squander

dinde (*f.*) turkey

dîner to have dinner, to dine

dire (*p.p.* **dit**) to say, to tell; **c'est-à-—** that is to say; **pour ainsi—** so to speak; **on me l'a dit** I was told

diriger to direct, to manage

diriger (se) vers to walk towards, to head for

discourir (*p.p.* **discouru**) to discourse

disparaître (*p.p.* **disparu**) to disappear

disparition (*f.*) disappearing, vanishing

dispute (*f.*) quarrel

dissuader to dissuade

distingué distinguished, refined

distraire (*p.p.* **distrait**) to distract, to divert (s.o.'s attention)

divan (*m.*) couch, sofa

doigt (*m.*) finger

domestique servant

dominer to dominate, to rule, to overlook

dommage (*m.*) damage; **c'est—** it's too bad, it's a shame

don (*m.*) gift, talent

donc thus, therefore, so; **quoi—** what then? **dis—!** say! Hey you!

donner to give

dont of which, with which, of whom, whose

dormir (*p.p.* **dormi**) to sleep

dos (*m.*) back

dossier (*m.*) file

douane (*f.*) customs

doubler to double, to double up

doucement gently, softly

douceur (*f.*) sweetness, gentleness

douleur (*f.*) pain, grief

douloureux, -euse painful

doute (*m.*) doubt; **sans—** no doubt, probably

douter to doubt

douter (se) de to suspect, to have an idea of

doux, -ce sweet, smooth, gentle; **—-amer** bittersweet

dramaturge (*m.*) playwright

drame (*m.*) drama, tragedy

dresser to erect, to set up, to draw, to set; **—les oreilles** to prick up one's ears

dresser (se) to stand erect, to stand up

droit upright, straight, forward, right; **tout—** straight ahead

droit (*m.*) right, law; **avoir—** to be entitled; **avoir le—de** to be entitled to; **faire son—** to study law

dru thick

dur harsh, hard

durant during; **des heures—** for hours on end

durée (*f.*) duration
durer to last, to endure

E

eau (*f.*) water
écarter to remove, to take off, to separate
échancré low cut (dress)
échange (*m.*) exchange; **en—de** in exchange for
échanger to exchange
échantillon (*m.*) sample, specimen
échapper to escape; **— à** to escape s.o., sth.
échapper (s') **de** to escape from
échouer to fail, to land
éclairer to light, to light up
éclat (*m.*) clap, burst
éclater to burst; **—de rire** to burst out laughing
écœurement (*m.*) disgust, discouragement
écœurer to disgust, to sicken
écouter to listen to
écrier (s') to exclaim
écrire (*p.p.* **écrit**) to write
écriture (*f.*) handwriting
écrivain (*m.*) writer
écurie (*f.*) stable (for horses)
effacer to erase
effarement (*m.*) bewilderment, fluster
effectuer to work out, to accomplish
effet (*m.*) effect, result; **en—**indeed, in fact
efficace effective, efficient
effondrer (s') to collapse
effrayer to frighten
effroi (*m.*) fear, fright
égal even, equal
égarer (s') to be lost, to be bewildered
égayer (s') to cheer up, to brighten up
église (*f.*) church
élever to raise, to bring up
éloigné remote, faraway
embarrasser to embarrass
embêter to bother, to upset
embrasser to kiss

emmener to take along, to take away
émouvant moving, touching
empêcher (**de**) to keep from, to prevent; **n'empêche que** all the same
empêcher (s') **de** to refrain from
emploi (*m.*) use, job
employer to employ, to use
empoisonnement (*m.*) poisoning
empoisonner to poison, to put poison in
emporter to take, to take along, to carry
empreinte (*f.*) fingerprint
empresser (s') **de** to hasten to, to be prompt in
emprunt (*m.*) borrowing, loan
emprunter to borrow
ému moved, affected, upset
en in, by, within
enceinte pregnant
encombrer to encumber, to crowd
encore again, still, yet, else
encourager to encourage
endormi asleep
endormir (s') to fall asleep, to go to sleep
endroit (*m.*) place, spot
enfance (*f.*) childhood
enfermer (s') to seclude oneself, to shut oneself in
enfin finally, at last, in short, after all
enfouir to bury, to conceal, to hide
enfuir (s') to run away, to fly, to flee, to escape
engager to risk, to insert, to pawn
engager (s') to enlist
enjeu (*m.*) stake
ennemi (*m.*) enemy
ennui (*m.*) trouble, boredom, annoyance
ennuyer to annoy, to bore
ennuyer (s') to be bored
ennuyeux, -euse boring, annoying
enquête (*f.*) investigation
enquêter to investigate
enragé rabid
ensoleillé sunny
ensuite next, then

entendre to hear, to understand; **on m'a fait—** I was led to believe; **— parler** to hear of; **— dire: J'ai entendu dire que ...** I heard that

entendre (s') to get along
entente (*f.*) understanding, good feeling
enterrement (*m.*) burial, funeral
enthousiaste enthusiastic
entier, -ière whole, entire, total
entrain (*m.*) liveliness, spirit
entre between, among
entrée (*f.*) entrance, entering
entrer (dans) to go in, to enter; **il était entré à** he had been admitted to
entretenir (*p.p.* **entretenu**) to maintain, to keep
entretien (*m.*) conversation
envahir to invade, to assail, to overcome
envelopper to envelop, to wrap, to cover with
envers towards
envie (*f.*) craving, desire; **avoir — de** to feel like
environ approximately; **aux environs** in the neighborhood, nearby
envisager to contemplate (possibility, etc.)
envoler (s') to fly away, to run away
épais, -aisse thick
épargner to spare
épars scattered
épaule (*f.*) shoulder; **hausser les—s** to shrug one's shoulders
éperdu desperate, distracted
époque (*f.*) epoch, time
épouse (*f.*) wife
épouser to marry
épouvantable dreadful, hideous, terrifying
épouvante (*f.*) dread, terror, fright
épouvanter to scare, to appal
époux (*m.*) husband
éprouver to feel
épuisé exhausted, drained
équipe (*f.*) team
équivaloir to be equivalent, tantamount to

équivoque ambiguous, dubious
errer to roam, to wander
erreur (*f.*) error, mistake; **faire—** to be mistaken
escalier (*m.*) stairway
espérance (*f.*) hope
espérer to hope
espoir (*m.*) hope
esprit (*m.*) mind, wit, spirit
esquintant (*fam.*) exhausting
essayer (de) to try, to attempt
essouffler (s') to get out of breath
estimer to esteem, to consider, to think
étable (*f.*) cow house, cattle shed
établir to establish
étage (*m.*) floor
étalage (*m.*) display, window dressing
étanche tight, impervious, separate
état (*m.*) state, condition, government; **—d'âme** mood
été (*m.*) summer
éteindre (*p.p.* **éteint**) to blow out, to turn off (light)
étendre to spread, to stretch, to extend
étendre (s') to lie down, to stretch out
étirer (s') to stretch
étonnant amazing, astonishing
étonner to surprise, to astonish
étonner (s') to wonder, to marvel, to be astonished
étouffé muffled
étrange strange, queer, odd
étranger, -ère foreign, strange
étranger (*m.*) foreigner, alien
être (*m.*) human being
être to be, to exist, to belong
étreindre (*p.p.* **étreint**) to embrace
étroit narrow, close
étude (*f.*) study; **faire ses —** (*f.pl.*) studies
événement (*m.*) event
éventail (*m.*) fan
évidemment obviously, of course
évident evident, obvious
éviter (de) to avoid, to prevent
évoquer to evoke, to allude
exactement exactly; **plus—** more precisely
exciter (s') to get excited, worked up

excuser (s') to apologize

exemple (*m.*); **par—** for example, for instance, for sure

exercer to exercise, to carry on, to pursue

exigence (*f.*) demand

exiger to demand, to require

expérience (*f.*) experience, experiment; **faire l'—de** to experience something

explication (*f.*) explanation

exploitation (*f.*) working (mine)

exploiter to operate

exprimer (s') to express oneself

extraire (*p.p.* **extrait**) to extract, to take out, to pull out

F

face (*f.*) face, side, angle; **—à** facing, opposite; **en — de** in front of, opposite; **regarder qqn en — to** look at someone straight in the eyes

fâcher (se) to get angry

facile easy

façon (*f.*) way, manner

faible feeble, weak, faint

faiblesse (*f.*) weakness

faillir to fail;—(+ *inf.*) to almost do sth.

faim (*f.*) hunger; **avoir —** to be hungry; **mourir de—** to be starved, famished

faire (*p.p.* **fait**) to do, to make, to perform, to say;—(+ *inf.*) to cause, to have; **tout cela fait que** that is the reason why; **ce faisant** by doing so

fait (*m.*) act, deed; **au—** by the way

falloir (*p.p.* **fallu**) to have, must; **il faut** it is necessary, it takes (time)

familier, -ère familiar

famine (*f.*) famine, starvation

fantôme (*m.*) ghost, shadow

farouche fierce, wild, shy

fatalement fatally, inevitably

fatigue (*f.*) fatigue, weariness; **mort de—** dead-tired

fatigué tired, weary

faute (*f.*) fault, error; **par ma—** through my own doings; **c'est la—de** the fault lies with

fauteuil (*m.*) armchair

faux, fausse wrong, false

favoriser to favor

fébrile feverish, nervous

femme (*f.*) woman, wife; **— de chambre** chambermaid housemaid

fenêtre (*f.*) window

fer (*m.*) iron

ferme (*f.*) farm

fermer to close, to shut

fête (*f.*) holiday, celebration, feast; **jours de—** holidays

fêter to celebrate

feuille (*f.*) leaf

ficelle (*f.*) string

fidèle (à) faithful; **les fidèles** the faithful, the congregation

fier, -ère proud

fièvre (*f.*) fever

figurante (*f.*) extra (cin.); ballet dancer

figure (*f.*) face; **en pleine—** smack in the face

figurer (se) to imagine, to fancy; **figurez-vous que** would you believe that

fil (*m.*) thread;—**de lumière** thin streak of light

fille (*f.*) girl, daughter, prostitute; **fillette** (*f.*) little girl; **jeune—** young girl; **vieille—** old maid

fils (*m.*) son

fin fine, thin

fin (*f.*) end, aim

finir to finish, to end;—**par** (+ *inf.*) to finally do something

fixement; se regarder— to stare at each other

fixer to stare at; **les yeux fixés sur** staring at;—**son attention sur** to concentrate

flanc (*m.*) slope, flank

flatteur, -euse flattering

fléchir to bend

flegme (*m.*); **avec—** phlegmatically

fleur (*f.*) flower

flot (*m.*) flood, crowd (of people)

foi (*f.*) faith; **ma—**well; **de bonne—** sincere, honest

fois (*f.*) time; **une—**, **deux—**once, twice; **chaque—**every time; **à la—**at once, at the same time; **des—** sometimes

folie (*f.*) madness, craze

foncé dark (color)

fonctionnaire government employee, civil servant

fond (*m.*) background, bottom; **au—de** at the bottom of; **au—**fundamentally, deep down

fondement (*m.*) basis, foundation

fondre to melt, to vanish

force (*f.*) force, strength; **à—de** by dint of; **de—**by force; **de toute sa—** with all his might

forcer to force, to make, to compel

fort strong, loud, hard, thick

fort loudly, hard, very, extremely

fortune (*f.*) fortune, luck, chance

fou, folle mad, crazy

fou (*m.*), **folle** (*f.*) maniac, lunatic, madman, madwoman

fouille (*f.*) search

fouiller to search through

foulard (*m.*) scarf

foule (*f.*) mob, crowd; **il y avait une —**it was very crowded

foyer (*m.*) home

fragilité (*f.*) fragility, frailty

fraîcheur (*f.*) freshness

frais, fraîche fresh, cool

franc, franche frank, sincere

franchement frankly, really

frapper to hit, to beat, to strike, to knock (at the door)

frémir to quiver, to tremble, to shake

frénésie (*f.*) frenzy

fréquenter to frequent, to visit frequently

froid (*m.*) cold; **avoir—**to be cold; **il fait—**it is cold

froideur (*f.*) coldness, frigidity

frôler to brush, to brush past

front (*m.*) forehead, brow

frontière (*f.*) border

fuir to run away, to escape

fumée (*f.*) smoke

fureur (*f.*) fury, rage

furtif, -ive furtive, stealthy

G

gagnant (*m.*) winner

gagner to gain, to earn, to reach, to go to; **—sa vie** to earn a living

gai gay, cheerful, merry

galant attentive to women

galoper to gallop, to run

gamin (*m.*) kid, boy

gant (*m.*) glove

ganté wearing gloves

garantir to guarantee, to certify

garçonnet (*m.*) small (or) little boy

garder to keep, to save, to watch

garder (**se**) **de** to refrain from, to keep from

gare (*f.*) railroad station

garnir to garnish, to furnish

gâteau (*m.*) cake, pastry

gâter to spoil

gauche left, awkward, clumsy, gawky

géant gigantic

gémir to moan, to groan, to wail

gênant embarrassing, cumbersome, in the way

gendarme (*m.*) policeman

gêne (*f.*) embarrassment, discomfort

gêner to hinder, to bother, to embarrass

généreux, -euse generous, noble (soul)

genou (*m.*) (*pl.* **genoux**) knee; **sur ses —x** on one's lap

genre (*m.*) kind, sort; **avoir mauvais —**to be vulgar

gens (*m.pl.*) people

gentil, -ille nice, pleasant kind

geste (*m.*) gesture

gilet (*m.*) waistcoat, vest

glace (*f.*) mirror

glacé icy, chilled

glisser to slip, to slide

gloire (*f.*) glory, fame

gonflé full, bulging

gosse kid

goût (*m.*) taste, flavor, liking; **avoir du —pour** to like; **de mauvais—** in poor taste

goutte (*f.*) drop

grâce (*f.*) grace, gracefulness

grâce à thanks to

grand tall, large, big, great

grandir to grow, to increase

gras, grasse fat, greasy

grave grave, serious

grec, grecque Greek

grille (*f.*) fence, entrance-gate

gris grey

grog (*m.*) rum toddy

grommeler to grumble, to mutter

gronder to scold, to snarl, to mutter, to rumble

gros, grosse big, fat, large

guère; ne — hardly, scarcely

guéri cured

guerre (*f.*) war

guetter to watch, to be on the look out for

guichet (*m.*) ticket window

guise (*f.*); **en—de** in place of, for

H

habillé dressed, attired

habiller (**s'**) to dress, to get dressed

habit (*m.*) costume, outfit

habitant (*m.*) inhabitant

habiter to live, to dwell, to reside

habitude (*f.*) habit, custom; **d'—** usually; **comme d'—** as usual; **avoir l'—de** to be used to, to be accustomed to; **prendre l'—de** to get used to

habitué (*m.*) regular customer

habituel, -elle usual

harmoniser (**s'**) to be in keeping with, to match

hasard (*m.*) chance, fate; **par —** by chance, by any chance

hausser to lift, to raise; **—les épaules** to shrug one's shoulders

haut high, loud

hebdomadaire weekly

hebdomadaire (*m.*) weekly (paper magazine)

hélas alas, unfortunately

néler to hail, to call

héritage (*m.*) inheritance

heure (*f.*) hour, time; **à l'—** on time; **de bonne—** early; **tout à l'—** a while ago, in a little while

heureusement happily, luckily, fortunately

heureux, -euse happy, lucky

heurter to bump into

hier; comme d'— as if it was yesterday

histoire (*f.*) history, story

hiver (*m.*) winter

horloge (*f.*) clock

humain human, humane

humain (*m.*) human being

humeur (*f.*) humor, mood; **bonne—** good mood

humide wet

hurler to howl, to roar, to yell

I

ici here; **par—** this way

idée (*f.*) idea, thought

ignorer to ignore, to be unaware; **ne pas—** to be fully aware of; **je l'ignore** I don't know

île (*f.*) island

illuminer to illuminate, to enlighten

illustre illustrious, famous, well-known

illustré (*m.*) illustrated (paper, magazine)

image (*f.*) image, picture

imaginer (**s'**) to imagine, to suppose, to think

immédiatement immediately, right away

immettable unwearable

impatienter to annoy

importable unwearable

importer to import, to matter, to be of importance; **qu'importe?** what does it matter?; **peu importe** it does not matter; **n'importe quoi** anything at all

importuner to bother, to pester

impression (f.) impression, sensation; **avoir l'**—to be under the impression that, to have a feeling

imprévu unpredicted, unforeseen

incommoder to disturb, to bother

inconnu unknown

indéfini undefined

indemnité (f.) compensation pay

indescriptible indescribable, beyond description

indicible indescribable

indiscret, -ète indiscreet, nosy

inépuisable inexhaustible

inévitable inevitable, unavoidable

infidélité infidelity, unfaithfulness

infiniment infinitely

informer to inform

informer (s') to enquire

ingénieuı (m.) engineer;—**en chef** chief engineer

ingenieux, -euse clever

inlassable untiring, enduring

innombrable innumerable, countless

inoffensif, -ive inoffensive, harmless

inquiétant disturbing, upsetting

inquiéter (s') to worry

inquiétude (f.) worry, anxiety

insignifiant insignificant, trivial, unimportant

insinuer to insinuate, to hint at

installer to set

installer (s') to settle, to sit down, to set up a medical office

instant (m.) instant, moment; **à chaque**—constantly

interdire (p.p. **interdit**) to forbid

interdit forbidden, speechless

intéresser to interest

ıntéresser (s') à to be interested in

ıntérieur interior, inner

ıntérieur (m.) inside, home, house; **à l'**—inside

interner to confine

interrogatoire (m.) examination (of defendant), questioning

interroger to interrogate, to question

interrompre to interrupt, to cut short

interrompre (s') to stop speaking

intervenir (p.p. **intervenu**) to intervene

intestin (m.) intestine

intitulé entitled

introduire (p.p. **introduit**) to introduce, to usher in, show in

introduire (s') to get in

intrus (m.) intruder, trespasser

inutile useless, needless

inventaire (m.) inventory

invraisemblable unlikely, improbable

irréparable irreparable, irretrievable

isolé isolated

ivre drunk, intoxicated

J

jadis formerly, in days gone by

jaillir to gush out, to burst forth, to spurt

jaloux, -se jealous

jamais never, ever; **à—, à tout—** forever

jambe (f.) leg

jardin (m.); — **botanique** botanical gardens

jaunâtre yellowish

jeter to throw, to throw away, to cast; —**un regard** to cast a glance

jeu (m.) game, act, gambling; **c'est un—**it's a child's game; **en—**at stake

jeunesse (f.) youth

joie (f.) joy, glee, delight

joli pretty, nice, good looking

joue (f.) cheek

jouer to play, to gamble, to bet on

jouir de to enjoy

jour (m.) day, daylight; **tous les —s** every day; **huit—s** a week; **quinze —s** two weeks

journal (m.) journal, newspaper

journée (f.) day; **toute la—**all day long

joyeux, -euse joyous, merry, cheerful

juger to judge, to believe, to think

jupe (f.) skirt

juré (*m.*) juror, juryman; **les —s** the jury
jurer to swear
jusque until, as far as, to the extent; **—'à ce que** until
juste just, fair, right; **tout—**barely; **au—**exactly

L

là there; **—-bas** over there
lacet (*m.*) shoelace, winding path
lâcher to let go
laid ugly, homely
laisser to leave, to let; **— tomber** to drop; **— voir** to show, to reveal; **— passer** to let through
lait (*m.*) milk
lancer to throw, to utter
langue (*f.*) tongue, language
languir to languish; **la soirée languit** the evening drags
large wide, broad
larme (*f.*) tear
lasser (se) to get tired
laver to wash
lécher to lick
leçon (*f.*) lesson
lecture (*f.*) reading
léger, -ère light, slight
lendemain (*m.*) the next day
lent slow
lettre (*f.*) letter; **homme de —s** writer
lever to raise, to lift; **—les yeux** to look up
lever (se) to get up, to rise, to stand up
lèvre (*f.*) lip
librairie (*f.*) book-store
libre free, vacant; **—à vous de** you are free to
lien (*m.*) link, tie, bond
lier to tie, to link
lieu (*m.*) place, site; **avoir—** to take place; **au—de** instead of
ligne (*f.*) line
linge (*m.*) underwear and clothes
lire (*p.p.* **lu**) to read

lit (*m.*) bed
littérateur (*m.*) literary man, writer
livrer to deliver
locataire tenant
loger to lodge, to house
loi (*f.*) law
loin far, far away; **de—** from a distance
lointain distant, far, remote
loisir (*m.*) leisure, spare time
long, longue long; **en savoir—** to know a lot about something
long (*m.*) length; **le—de** along
longtemps a long time
lors then; **depuis—** from that time, ever since
lorsque when
louche shady, suspicious
loup (*m.*) wolf; **faire le—** to play wolf
loupe (*f.*) magnifying glass
lourd heavy
lueur (*f.*) gleam, glimmer
luire (*p.p.* **lui**) to shine, to glimmer, to gleam
luisant shining, shiny, glossy
lumière (*f.*) light
lune (*f.*) moon
lustre (*m.*) chandelier, gaslight
lycée (*m.*) secondary school

M

machinalement unconsciously, mechanically
magasin (*m.*) shop, store
magnifique magnificent
maigre lean, thin, skinny
maigrir to lose weight
main (*f.*) hand
maison (*f.*) house; **— de santé** rest home
maisonnée (*f.*) household
maisonnette (*f.*) small house, cottage
maître (*m.*) master, owner, teacher
maîtresse (*f.*) mistress
majestueux, -euse majestic
mal badly, poorly
malade ill, sick

malade (*m. & f.*) patient
maladie (*f.*) illness, disease
maladif, -ve sickly, unhealthy
malaise (*m.*) uneasiness, uneasy feeling
malaisé difficult
malchance (*f.*) bad luck
malgré in spite of; **—lui** against his will
malheur (*m.*) unhappiness, misfortune
malheureuse (*f.*) unfortunate woman
malheureusement unhappily, unfortunately
manger to eat
manière (*f.*) manner
manifester to manifest, to show
manœuvre (*f.*) manœuvre, scheme, intrigue
manquer to fail, to lack, to miss
mansuétude (*f.*) gentleness, clemency
manteau (*m.*) coat; **—de fourrure** fur coat
manucure (*f.*) manicurist
marbre (*m.*) marble
marchandise (*f.*) merchandise, goods
marché (*m.*) market; **bon—**cheap
marcher to walk, to march, to work; **tout marchait bien** everything was going well
mari (*m.*) husband
marier (se) avec to marry
marron brown
masse (*f.*) mass; **tomber comme une —**to fall like a log
massif (*m.*) clump (of trees), shrubs
matériel, -elle material, substantial
matin (*m.*) morning
maudit rejected, cursed
maussade sullen, glum, surly, sad looking
mauvais bad, ill, wrong
mèche (*f.*) lock, strand, tuft (hair)
mécontentement (*m.*) dissatisfaction, displeasure
médecin (*m.*) doctor; **— colonial** doctor who treats tropical diseases
méfiant distrustful, suspicious
meilleur better
mélancoliquement with melancholy, gloomily
mélange (*m.*) mixture

mêlé de mixed with; **—à** mixed with
même same, even, very; **tout de—**all the same
menace (*f.*) threat
menacer to threaten
ménage (*m.*) couple, household, home; **faire bon—**to get along; **faire le —**to do the housework
ménagement (*m.*) prudence, discretion, care
ménager (se) to take care of oneself, to take it easy
mendiant (*m.*) beggar
mendier to beg
mener to lead, to take, to conduct
mensonge (*m.*) lie
mentir (*p.p.* **menti**) to lie
mépris (*m.*) contempt, scorn
méprisant scornful, contemptuous
mer (*f.*) sea; **bord de la—**seaside
merci thank you, mercy
merveille (*f.*) marvel, wonder; **à—** admirably
messe (*f.*) mass
mesure: à—que as
métier (*m.*) trade, occupation, job
mettre (*p.p.* **mis**) to put, to place, to put on; **—(à la poste)** to mail; **mettons que** let's say that
mettre (se) à to begin, to start
meuble (*m.*) piece of furniture; **—s** furniture
meurtre (*m.*) murder, crime
meurtrier (*m.*) murderer
midi noon; **le—** the South
mien (le), la mienne mine; **les miens** my people, my family
miette (*f.*) crumb
mieux better; **tant —** so much the better
milieu (*m.*) middle, class, environment; **au—**in the middle
mine (*f.*) look, appearance; **avoir bonne—**to look well (healthy)
minerai (*m.*) ore
mineur (*m.*) minor, miner
minier, -ère mining
minuit midnight
minuscule minute, tiny

minutieux, -euse detailed, thorough
miroir (*m.*) mirror
misère (*f.*) misery, poverty
missive (*f.*) missive, letter
mode (*f.*) fashion; **à la**—fashionable;
à l'ancienne—old-fashioned
moindre lesser, smallest; **pas le**—not
the faintest
moins less, fewer; **du**—at least; **de**—
less; **au**—at least
moment (*m.*); **par**—**s** at times; **à tout**
—constantly; **en ce**—now; **du**—**que**
since; **à certains** —**s** at times
momentané temporary
monde (*m.*) world, people; **tout le**—
everybody; **au**—in the world
mondial; **la première guerre
mondiale** First World War
monnaie (*f.*) change, currency
monstrueux, -euse monstrous, huge
montagne (*f.*) mountain
monter to come up, to go up, to go
upstairs;—**à cheval** to ride a horse,
to go horseback riding; **faire**—to call
for, to ring for (hotel)
montrer to show;—**du doigt** to point
at
montrer (se) to appear (in public)
moquer (se) de to make fun of
moqueur, -euse mocking, ironical
morale (*f.*) morals, moral (of a fable)
morceau (*m.*) piece, bit
mordre to bite
morne gloomy
mort (*f.*) death
mortel, -elle mortal, deadly
mot (*m.*) word, note
mouiller to wet, to dampen
mourir (*p.p.* **mort**) to die;—**de faim**
to be starving;—**de sommeil** to be
dead tired
mourra (*future* of **mourir**)
mouvement (*m.*) movement, motion
mouvoir (se) (*p.p.* **mu**) to move
muet, muette silent, mute, speechless
mulet (*m.*) mule
munir to supply, to provide, to equip
mur (*m.*) wall
mûr mature, ripe

murmurer to murmur, to whisper
mystérieux, -euse mysterious

N

nager to swim
naïf, naïve naive, unsophisticated
naturellement naturally, of course
néanmoins nevertheless
négligé untidy
négligé (*m.*) untidiness
négociant (*m.*) merchant
neige (*f.*) snow
neigeux, -euse snowy
ne ... que only
nerveux, -euse nervous, fidgety
net, nette neat, clean
neuf, neuve new, brand new; **quoi
de**— ? what's new?
noce (*f.*) wedding; **faire la**—**(avec)** to
lead a wild life (with women)
nocturne nocturnal, nightly
Noël (*f.*) Christmas
noir black; **cela m'a tourné au noir** I
could only see the dark side of things
after that
noirâtre blackish
nombre (*m.*) number
nombreux, -euse numerous
nommer to name, to appoint; **le
nommé** a man of the name of
non no;—**plus** no more, no longer,
neither, either
Nordique (*f.*) Scandinavian woman
notoire notorious
nouveau, nouvel, nouvelle new; **de
nouveau** again, once more
nouvelle (*f.*) news, piece of news, short
story; —**s** news
nu bare, naked; **bras nus** bare-armed
nuire (*p.p.* **nui**) to harm, to hurt
nuit (*f.*) night; **cette**—to-night; **il
faisait**—**noire** it was pitch dark
nul, nulle no, not one, no one; **nulle
part** nowhere
nullement not at all, not in the least,
by no means
nuque (*f.*) nape of the neck

O

obéir to obey

objet (*m.*) object, thing

obliger to oblige, to force, to compel

obole (*f.*); **donner son —** to make one's contribution

obscurité (*f.*) darkness

obsèques (*f.pl.*) funerals

observateur, -trice observant, observing

observation (*f.*) observation, remark

observer to observe, to notice

obstiner (s') to be obstinate, to persist

obtenir (*p.p.* **obtenu**) to obtain, to get

occuper to occupy, to hold

occuper (s') de to take care of, to be busy, to keep busy; **occupé** busy

odieux, -euse hateful

œil (*pl.* **yeux**) eye; **aux yeux de** in the sight of

offrir (*p.p.* **offert**) to offer, to give, to suggest

oiseau (*m.*) bird

ombre (*f.*) shade, shadow, darkness, ghost

ongle (*m.*) nail

or now, well

or (*m.*) gold

orangé orange colored

ordinaire ordinary, usual, common

ordonnance (*f.*) prescription

ordonner to order, to command

ordre (*m.*) order; **placés sous mes —s** under my orders

oreille (*f.*) ear

orgueil (*m.*) pride, conceit

orner to ornament, to adorn, to decorate

os (*m.*) bone

osciller to oscillate, to swing, to sway

oser to dare

ostensiblement ostensibly, openly

ou or; **— bien** or else

où where, when, in which; **d'—** from which, whence

oublier to forget

oui yes; **ça oui!** you can say that again!

ours (*m.*) bear

ouvrier (*m.*) worker

ouvrir (*p.p.* **ouvert**) to open

ouvrir (s') to open

P

pacte (*m.*) pact, agreement

paisible peaceful, quiet

paix (*f.*) peace

pâleur (*f.*) pallor, pallidness

pâlir to grow pale, to look pale

palpitant thrilling

pantalon (*m.*) pants, trousers

pantoufle (*f.*) slipper

paquet (*m.*) package, bunch

par by, through, out of

paraître (*p.p.* **paru**) to appear, to seem, to look, to show up; **il paraît que** it seems that, they say that

parapluie (*m.*) umbrella

parc (*m.*) park, grounds

parcourir (*p.p.* **parcouru**) to go through, to skim through

par-dessus over (the top of)

pardessus (*m.*) man's overcoat

pardon (*m.*) pardon, forgiveness; **demander —** to apologize; **pardon!** I beg your pardon, excuse me

pareil, pareille such, similar; **un pareil, une pareille** such a

parent (*m.*) parent, relative

paresse (*f.*) laziness

paresseux, -euse lazy

parfait perfect

parfumé fragrant, perfumed

pari (*m.*) bet

parler to speak, to talk

parmi among

paroi (*f.*) wall, partition

parole (*f.*) word; **adresser la — à** to speak to

part (*f.*) share, part, piece; **prendre — (à)** to participate (in); **à —** apart from, separately; **d'une —, d'autre —** on one hand, on the other hand; **quelque —** somewhere; **nulle —** nowhere

participer à to participate, to take part (in)

particulier, -ère particular, special, private
particulier (*m.*) individual
partie (*f.*) part; **faire—de** to belong; **en—**partly
partir (*p.p.* **parti**) to leave; **à—de** from
partout everywhere
parvenir (*p.p.* **parvenu**) **à** to succeed in, to reach
pas (*m.*) step, footstep; **—à—**step by step; **faire un—** to take one step
passant (*m.*) passerby
passé (*m.*) past
passer to pass, to go beyond, to go over, to go past, to spend, to call on, to slip, to stop
passer (**se**) to take place, to happen; **—(se) de** to do without
passe-temps (*m.*) pastime, diversion
pâte (*f.*) dough, crust
patiemment patiently
pâtisserie (*f.*) bakery, pastry shop
pâtissier, pâtissière baker, pastry-shop owner
patois (*m.*) jargon, dialect
patron (*m.*) **patronne** (*f.*) owner, boss
patte (*f.*) paw, leg (animal)
paupière (*f.*) eyelid, lid
pauvre poor, pitiful; **les pauvres** poor people, the poor
payer to pay (for)
pays (*m.*) country, region; **—étranger** foreign country, abroad
paysan (*m.*) peasant, farmer
peau (*f.*) skin
peine (*f.*) difficulty, sorrow, penalty, trouble; **à—**scarcely, hardly
peiné sad, hurt
peiner to sadden, to labor
peint painted
pencher (**se**) to bend down, to stoop
pendant hanging
pendant during, while; **—que** while, as
pendule (*f.*) clock
pénétrer to penetrate, to enter
pénible painful, difficult
pensée (*f.*) thought
penser (**à, de**) to think (about, of); **vous pensez bien** you can imagine

percer to pierce, to drill
percevoir (*p.p.* **perçu**) to perceive, to hear
perdre to lose, to waste; **—de vue** not to see again, to lose track of
père (*m.*); **—de famille** paterfamilias
périlleux, -euse perilous, dangerous
périr to perish, to die
permettre (*p.p.* **permis**) (**de**) to allow, to give permission, to let
permettre (**se**) **de** to take the liberty of
permissionnaire (*m.*) soldier on leave
perruque (*f.*) whig
personnage (*m.*) character, person, individual
personne (*f.*) person
personne . . . ne no one, nobody
personnel (*m.*) staff
persuadé convinced
pesant heavy
peser to weigh
peu little, few; **un—(de)** a little; **—(de)** little, few; **—à—**little by little
peuplier (*m.*) poplar tree
peur (*f.*) fear, fright; **avoir—de** to be afraid of; **faire—à** to frighten
peut-être perhaps, may be
phénomène (*m.*) phenomenon
photographie (*f.*) photograph, snapshot, picture
phrase (*f.*) sentence
pic (*m.*) peak
pick-up (*m.*) record player
pièce (*f.*) room, coin, bit, piece
pied (*m.*) foot
piège (*m.*) trap
pipe (*f.*); **une—de deux sous** a cheap clay pipe
piquer to nettle, to plant, to stud
pistolet (*m.*) pistol, gun
pitié (*f.*) pity
pittoresque picturesque
place (*f.*) place, seat, room, job; **prendre—** to take a seat
placer to place, to put
placide placid, even-tempered
plaindre (*p.p.* **plaint**) to pity; **à—**to be pitied
plaindre (**se**) to complain

plainte (*f.*) charge, accusation

plaire (*p.p.* **plu**) to please, to be agreeable to; **vous me plaisez** I like you; **s'il te plaît, s'il vous plaît** if you please

plaisanterie (*f.*) joke

plaisir (*m.*) pleasure; **faire — à** to please; **avoir — à** to take pleasure in

plateau (*m.*) tray

plein (**de**) full (of), filled (with)

pleurer to weep, to cry

pleuvoir (*p.p.* **plu**) to rain

plier to bend

plonger to plunge, to dive into

pluie (*f.*) rain

plume (*f.*) pen, feather

plupart (*f.*); **la — de** most; **pour la —** for the most part, partly

plus; **— de** more; **bien —** much more; **le —** the most, more; **de — en —** more and more; **ne —** no longer, no more; **— que** more than, -er than

plusieurs several

plutôt rather

pluvieux, -euse rainy

poche (*f.*) pocket

poésie (*f.*) poetry

poil (*m.*) hair (on the body); hair, fur (animals)

poing (*m.*) fist

point (*m.*); **ne —** not, not at all; **à tel — que** to such an extent that; **au — que** so much so; **sur le — de** about to; **au plus haut —** to the highest degree; **— de vue** point of view

poitrine (*f.*) chest

poivre et sel pepper and salt (color); **cheveux —** grey hair

pondre to lay (eggs)

porte (*f.*) door; **— de service** backdoor, delivery entrance

porter to wear, to carry, to take

posément calmly, soberly

poser to place, to put, to pose, to put down; **— une question** to ask a question

poser (**se**) **sur** to rest, to alight (on)

poste (*m.*) post, position

poster to mail

poule (*f.*) chicken, hen

poumon (*m.*) lung

pour for, in order to, instead of; **— que** for, in order to, so that

poursuivre (*p.p.* **poursuivi**) to go on, to continue, to carry on

pourtant yet

pousser to push, to push open, to utter

poussière (*f.*) dust

pouvoir (*p.p.* **pu**) can, be able to, may, be allowed to; **je n'en pouvais plus** I couldn't take it any longer

pratiquer to practice, to play

pratiques (*f.pl.*) proceedings

précéder to precede, to come before

précieux, -euse precious, valuable

précipitamment hurriedly, in a rush

précipiter (**se**) to hurry, to rush

précisément precisely

préférer to prefer, to like better

prendre (*p.p.* **pris**) to take, to catch, to drink; **se laisser —** to let oneself be taken

prénom (*m.*) first name

préoccupé preoccupied, worried

préoccuper (**se**) **de** to give one's attention to, to see to

près (**de**) near, close to, nearby; **à peu —** about

prescrire (*p.p.* **prescrit**) to prescribe, to order

présent (*m.*); **à —** now

présentement for the time being, at the moment

présenter to introduce, to present, to show

présenter (**se**) to appear, to introduce o.s. to someone

presque almost, nearly

pressentir (*p.p.* **pressenti**) to have a presentiment, a foreboding

presser to press, to push

presser (**se**) to hurry

prestement quickly, nimbly

prêt ready; **— à** ready for, to

prétendre to claim, to maintain

prêter to lend, to loan

prétexte (*m.*) pretext, pretense, excuse

prêtre (*m.*) priest

preuve (*f.*) proof
prévenir (*p.p.* **prévenu**) to warn, to let know
prévoir (*p.p.* **prévu**) to foresee
prier to pray, to beg, to ask; **je vous en prie** please
prix (*m.*) price
procéder to carry on
procédure (*f.*) procedure, proceeding
prochain next
proche near, close
proclamer to proclaim, to declare, to announce
procurer (**se**) to get hold of
prodigieux, -euse fabulous
produire (*p.p.* **produit**) to produce, to yield
produire (**se**) to occur, to happen
produit (*m.*) product
professer to profess, to declare
profit (*m.*) benefit
profiter (**de**) to take advantage (of)
profond deep, profound
proie (*f.*); **en—à** a prey to (emotion)
projet (*m.*) plan
prolonger to extend, to continue
promener to take out, to take s.o. for a walk
promener (**se**) to take a walk, to go for a walk
promesse (*f.*) promise
prometteur, -euse promising, full of promise
promettre (*p.p.* **promis**) to promise
promettre (**se**) **de** to set one's mind to do something
prononcer to pronounce, to utter
propre clean, own, apt
propreté (*f.*) cleanliness
propriétaire owner, landlord, landlady
propriété (*f.*) property, estate
protéger to protect
protestation (*f.*) protest
provoquer to provoke, to cause
pudique modest, chaste
puis then, next, besides, moreover
puissant powerful, strong, mighty; **tout—** almighty
puits (*m.*) well, pit

Q

quai (*m.*) platform, bank (of a river)
quand when, as; **— même** all the same, just the same
quant (**à**) as to, as for, as far as
quartier (*m.*) section, district, neighborhood; **— général** headquarters
quasi almost
quelconque any, ordinary
quelque some, any, a few; **à quelques semaines** within a few weeks; **— chose** something, anything
quelquefois sometimes, now and then
quelques a few
quelques-uns a few
quelqu'un someone, somebody
qu'est-ce que c'est? what is it? who is it? what's the matter?
qu'est-ce qu'il y a? what's wrong?
question (*f.*); **il n'en est pas —** it is out of the question
questionner to interrogate
queue (*f.*) tail
quiconque whoever, whomever
quiet, quiète peaceful, tranquil
quitter to leave
quoi what; **de—** enough; **de—vivre** enough to live on
quoique although
quotidien, -ienne daily

R

race (*f.*) race, breed
raconter to tell, to relate, to recount, to narrate
radieux, -euse radiant, dazzling
radiographie (*f.*) X-ray
raffiné refined, subtle
raison (*f.*) reason, right, cause, motive; **avoir —** to be right; **perdre la —** to lose one's mind; **à plus forte —** so much more so
raisonnable reasonable, moderate, sensible
raisonnement (*m.*) reasoning, argument
raisonner to reason, to think

rajeunir to get younger
rajuster to readjust, to fix
ramener to take (or bring) back
rang (*m.*) rank
rapide quick, fast
rappeler to call back, or recall
rappeler (se) to remember
rapport (*m.*) report, connection, relation; **—s** relations, intercourse
rapporter to take (to bring) back
rassemblement (*m.*) gathering, crowd
rassembler to assemble, to gather
rasseoir (*p.p.* **rassis**) **(se)** to sit down again
rassurer to reassure
rassurer (se) to be reassured, to set one's mind at rest; **rassurez-vous** don't worry
rater to fail, to miss
rattraper to catch up (with)
ravi delighted
réagir to react
recevoir (*p.p.* **reçu**) to receive, to get, to entertain, to greet, to see s.o. (in one's home), to sponsor
recherche (*f.*) search, searching, quest, research
récit (*m.*) story
réciter to recite, to say
réclamer to claim, to clamour for, to ask for
recommander to recommend, to strongly advise someone (to do sth.)
récompense (*f.*) reward
reconnaissant grateful
reconnaître (*p.p.* **reconnu**) to recognize, to acknowledge
recours (*m.*); **avoir—à** to resort to
recrutement (*m.*) recruitment, recruiting
recueil (*m.*) collection
redouter to fear
redresser (se) to stand up, to sit up
réellement really
refermer to close, to shut again
refroidir to cool off
réfugier (se) to take refuge
regard (*m.*) look, expression, glance;

jeter un— to cast a glance; **leurs —s se croisèrent** their eyes met
regarder to look at, to watch, to consider; **—qqn en face** to look s.o. in the face
regretter to regret, to be sorry
rejoindre (*p.p.* **rejoint**) to rejoin, to catch up with, to go back, to go and meet
relayer (se) to take turns, to relieve one another
relever to raise, to lift, to pick, to pick up; **—la tête** to look up
relever (se) to get up again, to get to one's feet again
relier to bind, to tie, to connect
remarquer to notice
remémorer (se) to recall, to remember
remercier to thank
remettre (*p.p.* **remis**) to hand in, to restore, to put back
remonter to pull up, to raise up
remords (*m.*) remorse
remplacer to replace
remplir to fill, to fill up, to fill in; **rempli de** filled with
remuer to move
renard (*m.*) fox
rencontrer to meet
rendez-vous (*m.*) date, appointment
rendre to render, to make, to return; **—service à** to do a favor to
rendre (+ *adjective*) to make
rendre (se) à to go (to)
renoncer (à) to renounce, to give up
renseigner (se) to get some information, to enquire
rentrer to go home, to come home, to return, to come in
renverser to spill, to upset, to knock over, to throw down
renvoyer to send back, to return
répandre to spill, to spread
répandre (se) to spread, to become widespread
réparation (*f.*) repair
repartir (*p.p.* **reparti**) to set out again, to start out again

repas (*m.*) meal; **faire, prendre un —** to have a meal

repérer to spot, to locate

répéter to repeat

réplique (*f.*) reply

répliquer to reply, to answer

répondre to answer

repos (*m.*) rest

reposer to put back, to put down

repoussant repulsive

repousser to push back, to push away, to reject

reprendre (*p.p.* **repris**) to take up again, to pick up, to resume (conversation), to go on speaking

reprendre (se) to pull oneself together to correct oneself

reprise (*f.*); **à plusieurs —s** repeatedly, on several occasions

reprocher to reproach, to blame

requérir (*p.p.* **requis**) to come for, to demand, to require

résister (à) to resist

résoudre (*p.p.* 1. **résolu** decided 2. **résous** solved) to decide; to resolve

résoudre (se) (à) to bring oneself to do sth.

respectueux, -euse respectful

respirer to breathe

ressembler (à) to resemble, to look like; **si ressemblante à lui-même** looking so much like him; **qui lui ressemblait si peu** that was so unlike him

reste (*m.*) rest, remainder, trace

rester to stay, to remain; **il me reste dix francs** I have ten francs left; **reste la pauvre Henriette** but what about poor Henriette?

résultat (*m.*) result

résumer to sum up, to summarize

rétablir to reestablish, to restore

retenir (*p.p.* **retenu**) to keep, to retain, to keep s.o. back, to hold back, to keep sth. back (from falling)

retentir to resound, to ring out

retirer to withdraw, to take off, to pull out, to take out

retirer (se) to retire, to take leave

retour (*m.*) return, coming back; **en — de** in return; **au — de** on (when) coming back

retourner to go back, to return, to turn over

retourner (se) to look back, to turn back; **s'en —** to return

retraite (*f.*) pension, retirement

retrouver to regain, to find, to meet again, to find again

réunion (*f.*) meeting

réunir to gather, to bring together

réunir (se) to gather, to meet

réussir (à) to succeed, to manage

revanche (*f.*) revenge

rêve (*m.*) dream

réveil (*m.*) awakening

réveiller (se) to wake up, to awaken

réveillon (*m.*) midnight dinner (Christmas Eve)

revenir (*p.p.* **revenu**) to come back, to return

rêver to dream, to long for

revoir (*p.p.* **revu**) to see again, to meet again

rez-de-chaussée (*m.*) ground floor, (Am.) first floor

rhume (*m.*) cold

ricaner to sneer, to snicker, to smirk

riche rich, wealthy

ridé wrinkled

rien nothing, anything; **ne ... rien** nothing

rire (*p.p.* **ri**) to laugh

risquer to take risks, to run the risk; **ne pas — de** to be in no danger of

risquer (se) à (+ *inf.*) to venture to do sth.

rituellement ritually

rive (*m.*) bank (river)

riz (*m.*) rice

rôdeur (*m.*) prowler

rôle (*m.*) role, part

roman (*m.*) novel; **— policier** detective story

romancier (*m.*) novelist

rond (*m.*) circle, ring, round

rougir to blush, to redden

rouler to roll down
route (*f.*) road, way, trip, course
rubicond rubicund, florid
rue (*f.*) street; **à la—**on the street
ruisseler to run, to flow

S

sablé sanded
sac (*m.*) bag, hand-bag, sack;**—à main** handbag
sacré sacred, holy
sage wise, reasonable, well-behaved
saillant prominent
sain healthy
saisi de seized with
saisir to grab, to grasp
sale dirty
salle (*f.*) room
salon (*m.*) living-room
sang (*m.*) blood;**—-froid** composure; **garder son sang-froid** to keep cool
sanglant bloody
sangloter to sob
sans without
santé (*f.*) health
satisfaire (*p.p.* **satisfait**) to satisfy, to fulfill
satisfait satisfied, pleased
sauf save, except
sauter to jump, to leap
sautiller to hop, to skip, to jump (about)
sauver to save, to rescue
sauver (**se**) to escape, to run away
savoir (*p.p.* **su**) to know, to know how
savourer to savor, to relish, to enjoy
science (*f.*) science, knowledge
sèchement curtly, sharply
sécher to dry, to dry up
secouer to shake
secours (*m.*) help
secousse (*f.*) bump, shake, jolt, shock
secrétaire (*m., f.*) secretary;**—particulier** private secretary
secrétaire (*m.*) secretaire, writing-desk
séduire (*p.p.* **séduit**) to seduce, to charm
séjour (*m.*) stay

selon according to, in the opinion of; **—que** whether
semaine (*f.*) week
semblable (**à**) similar, such
semblant; faire—de to pretend, to make believe
sembler to seem, to look; **il me semble** it seems to me
semer to sow
sens (*m.*) sense, meaning, direction
sensible sensitive, responsive
sensuel, -elle sensuous
sentiment (*m.*) feeling
sentir (*p.p.* **senti**) to feel, to sense, to smell
sentir (**se**) to feel
séparer to separate, to be between
sera (*future of* **être**); **ce sera** it must be
sérieux (*m.*); **garder son—**to keep a straight face
serrer to squeeze, to hold tight, to clutch, to clasp;**—la main** to shake hands with s.o.
servante (*f.*) servant, maid
serveuse (*f.*) waitress
service (*m.*) favor
serviette (*f.*) briefcase
servir (*p.p.* **servi**) to serve, to wait on
servir (**se**) to use
seul alone, only, single, very
seulement only
sévère severe, stern
si if, so, whether;**—... que** as ... as; **—bien que** so that
siècle (*m.*) century
sieste (*f.*); **faire la—**to take a nap
signaler to let s.o. know
signer to sign
signification (*f.*) meaning
signifier to mean
silencieux, -euse silent
singulier, -ère singular, strange
skieur; —nautique water skier
société (*f.*) society, firm, company
soie (*f.*) silk
soif (*f.*) thirst; **avoir—**to be thirsty; **donner—à qqn** to make s.o. thirsty
soigner to care for, to nurse, to tend
soigneusement carefully

soin (*m.*) care, trouble; **remettre aux —s de** to place s.o. under the care of s.o.

soir (*m.*) evening; **ce—**to-night; **ce— -là** that evening, that night; **tous les —s** every evening; **un beau—**one evening

soirée (*f.*) evening, party

sol (*m.*) soil, ground, floor

soldat (*m.*) soldier

soleil (*m.*) sun; **au—**in the sun

solennel, -elle solemn

solide solid, strong

sombre dark, gloomy; **il fait—**it is dark

somme (*f.*) sum; **en—**in short, after all

sommeil (*m.*) sleep; **avoir—**to be sleepy

sommet (*m.*) top, summit

son (*m.*) sound

songer (**à**) to think, to intend

sonner to ring (a bell), to ring for, to sound

sonnerie (*f.*) ringing

sonnette (*f.*) bell, door-bell

sort (*m.*) fate, lot, destiny

sorte (*f.*) sort, kind; **de la—**like that, in that way; **en—que, de—que** so that

sortie (*f.*) exit, coming out

sortir to go out, to take out, to take s.o. out, to graduate

sot, sotte stupid, silly, foolish

un sot, une sotte fool, blockhead, idiot

sottise (*f.*) nonsense, silliness, stupidity

sou (*m.*) cent, penny

souci (*m.*) care, concern

soucoupe (*f.*) saucer

soudain suddenly, all of a sudden

souffle (*m.*) breath, breathing;**—au cœur** heart murmur

souffler to blow

souffrance (*f.*) suffering

souffrir (*p.p.* **souffert**) to suffer, to be hurt, to endure

souhaiter to wish

soulagement (*m.*) relief

soumettre (*p.p.* **soumis**) to subject, to show for examination

soupçonner to suspect, to be suspicious of

soupirer to sigh

sourcil (*m.*) eyebrow; **les—s froncés** frowning

sourd deaf, muffled

sourire (*p.p.* **souri**) to smile

sous under, below, beneath

souvenir (**se**) **de** (*p.p.* **souvenu**) to remember

souvenir (*m.*) memory, souvenir

souvent often, frequently

strophe (*f.*) stanza

stupéfait stupefied, amazed

stupeur (*f.*) stupor, amazement

subir to undergo, to suffer, to put up with

subitement suddenly, all of a sudden

subside (*m.*) subsidy

subsister to subsist, to exist

succéder to follow, to succeed

succès (*m.*) success; **avoir du—**to be successful; **avec—**successfully; **sans —**unsuccessfully

sucre (*m.*) sugar, a lump of sugar

sucré sweet, sugary

sud (*m.*) South

suffire to suffice, to be enough

suffisant sufficient

suggérer to suggest

suite (*f.*) result, issue, continuation; **la —**the rest of the story; **tout de—** right away; **à la—de** following; **prendre la—de** to succeed to

suivant following, next

suivre (*p.p.* **suivi**) to follow;**—qqn des yeux, du regard** to follow with one's eyes, not to lose sight of

sujet (*m.*) subject, topic, motive; **au— de** about; **revenir à son—**to get back to the topic

supportable bearable

supporter to bear, to stand

supposer to assume, to imagine

sur on, upon, with (**sur moi**)

sûr sure, safe; **bien—**of course; **bien— que** of course

suraigu, -uë shrill, piercing, high pitched

surnaturel, -elle supernatural

surnom (*m.*) nickname

surprenant surprising, amazing

surprendre (*p.p.* **surpris**) to catch s.o. unaware, to surprise

surtout mostly, especially, above all

surveiller to watch, to keep an eye on, to look after

survenir (*p.p.* **survenu**) to happen, to take place, to arrive (unexpectedly)

susciter to give rise to, to bring upon, to rouse

suspect suspicious

sympathique likable, attractive

système (*m.*) system, method

T

tabac (*m.*) tobacco

tableau (*m.*) picture; — **noir** blackboard

tablier (*m.*) apron

tâche (*f.*) task, duty

tactique (*f.*) tactics

taire (*p.p.* **tu**) (**se**) to keep quiet, to stop talking

tandis que while

tant so much, so many; **en—que** as

tantôt … tantôt sometimes… sometimes, now … now

taper to tap, to strike, to hit

tapis (*m.*) cover, carpet; —**vert** gambling table

tard late

tarder to delay, to be long in

tarte (*f.*) pie, tart

tas (*m.*) pile, heap

tasse (*f.*) cup

teint (*m.*) complexion

tel such; **un—** such a; —**que** such as

tellement so much, so, in such a way

téméraire rash, daring, reckless

témoin (*m.*) witness; **être — de** to witness

tempe (*f.*) temple

tempérament (*m.*) constitution, disposition; **avoir du—** to be of an amorous disposition

tempête (*f.*) storm

temps (*m.*) time, weather; **de—en—** from time to time; **de—à autre** from time to time; **par tous les—** in all weathers

tendance (*f.*) tendency

tendre tender, affectionate, delicate, sensitive

tendre to hold out, to stretch; —**un piège** to set a trap

tendresse (*f.*) tenderness

tenir (*p.p.* **tenu**) to hold, to run, to operate; —**à** to care for, to value, to be anxious to; **tenez, tiens** here! well! see!

tentation (*f.*) temptation

tenter to tempt; —**de** to attempt

tenue (*f.*) dress, clothes, attire

terminer (**se**) to end, to finish

terrasse (*f.*) terrace

terre (*f.*) earth, soil; **par—** on the ground, on the floor

terreur (*f.*) terror, dread, intense fear

tête (*f.*) head; —**de mort** skull; **perdre la—** to lose one's mind

thé (*m.*) tea

tic (*m.*) tic, twitch

tiède mild, lukewarm, warm

tiers (*m.*) third; **deux—** two thirds

tirer to take out, to pull out, to shoot, to draw (conclusion)

tiroir (*m.*) drawer

titre (*m.*) title

tolérer to tolerate, to bear, to endure

tomber to fall, to fall down; **laisser—** to drop; —**amoureux de** to fall in love with

tonnerre (*m.*) thunder, thunderbolt

tordant very funny, a scream, a riot

tôt early

toucher to touch, to move

toujours always, still, forever

tour (*m.*) turn, trick; **à son—** in turn

tourbillonner to whirl, to swirl

tournée (*f.*) tour, round

tourner to turn, to go round the corner

tourner (**se**) to turn around

tous all, all of them, everyone

tout any, all; —en (+ pr.p.) while; après—after all;—à coup suddenly, all of a sudden;—à fait quite;—de même all the same; pas du—not at all

toutefois however

traduire (p.p. traduit) (se) to be interpreted, to be expressed

trahir to betray

train (m.); être en—de (+ inf.) to be (+ pr.p.);—de vie life style

traîner to drag; un sou qui traînait sur la table a penny that was on the table

trait (m.); avoir—à to refer to

traiter to treat;—en to treat as

traits (m.pl.) features

tranchée trench

tranquille quiet, calm, still, easy (mind), at peace; laisser—to leave s.o. alone; avoir la conscience—to have a clear conscience

travail (m. pl. travaux) work

travailler to work

travers; à—through

traverser to cross

tremblement (m.) trembling, shaking, quivering (voice)

trembler to tremble, to quiver, to shake

tressaillir (p.p. tressailli) to shudder, to tremble, to startle

triste sad, gloomy

tristesse (f.) sadness, melancholy

tromper to cheat, to deceive, to fool

tromper (se) to be mistaken, to make a mistake

trop too, too much, too many

trot (m.) trot (equitation); au petit —at a gentle, easy trot

trottoir (m.) sidewalk, pavement

trou (m.) hole

trouble (m.) uneasiness

troubler to disturb, to upset, to perplex, to confuse

trouvaille (f.) find, lucky find, godsend

trouver to find, to think; vous trouvez? Do you think so?

trouver (se) to be, to be located, to happen (that)

tuer to kill

tuer (se) to kill o.s., to commit suicide

U

uni united; ménage—happy couple

uniquement solely

usage (m.) custom

ustensile (m.) utensil

utile useful

V

vacances (f.pl.) vacation, holidays

vaciller to vacillate, to be unsteady, to stagger

vainqueur victorious

vainqueur (m.) victor, conqueror

vain; en—vainly, in vain

valet de chambre (m.) valet

valeur (f.) value; objet de—valuable object

valise (f.) suitcase

valoir (p.p. valu) to be worth; il vaut mieux (+ inf.) it is better (to); ça vaut mieux that's better

vedette (f.) star (actor, actress)

végéter to vegetate, to lead an aimless life

veille (f.) day before, night before

vendeur (m.) salesman

vendre to sell

vengeance (f.) revenge

venger (se) de to avenge oneself, to take one's revenge

venir (p.p. venu) to come;—à to happen; faire—to send for someone or something;—de (+ inf.) to have just (done sth.)

vent (m.) wind; grand — gale, high wind

ventre (m.) belly, stomach

vérifier to check

vérité (f.) truth; en—truly, actually, really

verre (*m.*) glass, drink
vers towards, in the direction of
vers (*m.*) verse
verser to pour, to throw in
vertu (*f.*) virtue; **en—de** by virtue of
veste (*f.*) jacket
veston (*m.*) (man's) jacket
vêtement (*m.*) clothe, attire
vêtu (de) dressed, clad
vide empty
vider to empty, to drink up
vie (*f.*) life
vieillard (*m.*) old man
vieillir to get older, to age, to look old, to grow older
vierge (*f.*) virgin
vieux, vieil, vieille old, aged; **mon —** old buddy
vif, vive lively, active, strong, great
vilain ugly, naughty
ville (*f.*) town, city
vin (*m.*) wine
vis-à-vis (de) towards, with regards to
visage (*m.*) face
visite (*f.*) visit, inspection; **rendre—à** to pay a visit to
vite quickly, rapidly
vitrine (*f.*) shop window
vivement keenly, sharply; **remercier —qqn** to thank s.o. warmly
vivre (*p.p.* **vécu**) to live, to be alive
voie (*f.*) track; **sur la—** on the right track
voilà there is, there are, there it was, coming!—**tout** that's all

voiler to veil, to obscure, to dim
voir (*p.p.* **vu**) to see; **voyons** come now, let's see
voisin (*m.*) neighbor
voisin neighboring, adjoining, next to
voiture (*f.*) carriage, car;—**d'enfant** baby carriage
voix (*f.*) voice; **à haute—** aloud, out loud
vol (*m.*) theft
voler to steal, to fly
volontaire voluntary, spontaneous
volonté (*f.*) will; **bonne—** goodwill
volontiers willingly, easily, readily
voltiger to flutter
vouer to vow, to give
vouloir (*p.p.* **voulu**) to want, to wish; **en—à** to have a grudge against; **—dire** to mean; **bien—** to be willing; **que veux-tu?** what can you do? **je voulus** I tried to
voyage (*m.*) trip, journey
voyance (*f.*) clairvoyance
vrai true, sincere, truthful, real; **à—dire** to tell the truth, actually
vraiment really, truly
vraisemblablement very likely, probably
vue (*f.*) sight; **de—** by sight; **à la—de** upon seeing; **à première—** off-hand

W

wagon-restaurant (*m.*) dining car